代 麻理子

未来に残したい授業

明日を迎えるためのメッセージ

9月1日の君へ

教育評論社

装幀＝鳴田小夜子（KOGUMA OFFICE）
装画＝中田いくみ
編集協力＝雨宮進

はじめに

死にたい……という思いが頭によぎらない日がくるなんて想像もつかなかった。

若い人に自死を選んで欲しくない、という思いで企画した、YouTubeチャンネル『未来に残したい授業』での『9月1日の君へ』は、過去の私自身を救うためのものでもあります。私は物心がついた小学生の頃から、たびたび「死にたい」という思いに駆られてきました。

その思いの強弱は時によって違ったけれど、頭の中から完璧に消え去る、ということはほとんどなかったように記憶しています。幸運なことに（と今は言える）失敗に終わったけれど、行為におよんだことすらあります。

なぜそうだったのか、何がそうしたのか、どうしたら解消されるのか、もうそうならないのか、が自分ごととして切実な問いだったので、そうした思いを治められるようになった今でも見過ごしてはいけない大事な問題だと思い、考え、問い続けています。

これを手にとってくれたあなたは、今とても苦しい状況に置かれているのではないでしょうか。生きたいけど死にたい、死にたいけど生きたい、でも生きたいより死にたい、終わらせたい、明日を迎えたくない、こうした思いばかりが頭に浮かんできて離れない。それはつらく、痛く、とてつもなく大変なことだと思います。それでも生きていてえらい。生きていてくれてありがとう、と私は心から感じます。

「もう大丈夫だよ」だなんて無責任なことは言えないけれど、なぜ私はそのような思いに駆られてきたのか、どのようにやり過ごせたのか、が今では少し分かるようになりました。この本には、私自身が「大丈夫」「それでも生きるんだ」と思えるようになった考え方が詰まっています。

これらの考え方や言葉は、今すぐに目の前の状況を変えてくれるわけではないかもしれないけれど、黒にしか見えないまっくらやみの中のひとすじの光にはなってくれるのではないかと思います。

長きにわたって死にたくて仕方がなかった私、については「最後に」に詳しく書きますが、「死にたい」という思いは人に共有するのが簡単ではない思いです。「嬉しい」「楽しい」「好き」などのポジティブな思いと違って、抱いてしまうこと自体に罪悪感を感じがちだし、どうやら周りの人はそうではなさそうだ、という手応えは孤独感を強め、さらに「死にたい」を加速させてしまいます。

ですが、この本では誰も死にたい思いを否定しません。むしろ、「そう感じるあなたはまともだよ」というメッセージばかりです。自分は異常なんじゃないか、そのように考えてしまうのはただの甘えなんじゃないか、こう考えたりこのような状況になっているのは自分の責任だし……、などと思い、苦しくなっているあなたの悩みや痛みが少しでも和らぐようにと願ってつくられています。

死にたくなる状況や、その思いを抱いているひとりひとりの性格や背景はひとつとして同じではありません。ですが、ひとつだけ言えるのは、悩み、苦しんでいるあなたは悪くないということ。絶対に悪くない。悩み、苦しみながらも生きていて立派だよ。

もし身近な周りにそうしたことを言ってくれる人がいなければ、何度でも私が言いたいです。生まれてきてくれてありがとう、生きていてくれてありがとう、この本を手にとってくれてありがとう、その悩みがどうしたら軽減するかを一緒に考えよう、と。

長いこと私が「私のせいだ」と感じて、死にたい思いに駆られていた事態は実は私のせいではなかったかもしれない、と今では思えるようになりました（この本にもそう思えるヒントがちりばめられています）。

それは健康な肉体や受験結果、名の知れた職業や就職先といった目に見えることが価値を持つと思わされるこの社会システムのためかもしれないし、ジェンダーのためかもしれないし、青年期のホルモンバランスの乱れのためかもしれないし、神経物質や回路の問題のためかもしれないし、周りから浮いてしまったら居づらい日本の空気のためかもしれないし、「孤育て」が強いられてしまう現代社会のあり方のためかもしれないし、苦しい時に「助けて」と言いづらい環境のためかもしれない。理由はいろいろありそうだけれど、どう考えたって私だけが原因ではない。私が悪いわけじゃなかったんだ！

そう気づいてからは、では何が違ったら同じように苦しむことがなくなるだろうか？　同じような思いで苦しむ人が減るだろうか？　の探求の旅がはじまりました。原因はひとつではありません。さまざまな要因が複雑に絡み合って、その思いや状況をもたらしています（いまだ終わらぬ探求の旅の様子はYouTubeチャンネル『未来に残したい授業』で配信し続けています）。

この本には、長い間「死にたい」から逃れられなかった私の悩み、苦しみを軽減してくれた考えや言葉が詰まっています。どの章、どのコラムから読み始めても構いません。パラパラめくってたまたま開いたページや表紙をぼーっと眺める、でもよいかもしれません。

本当に苦しい時には、本さえ開けないかもしれない。そんな時にはそこに置いておくだけでも構いません。たとえ本を所持できなくたって、図書室・図書館に置いてあったな、と思い出してくれるだけでも違います。

なぜなら、この本は私だけでなく「若いあなたに死んで欲しくない」と願う大人が集まってつくられたものだからです。その願いが形になったのがこの一冊です。共に考え、言葉を寄せてくれた著者の方々はもちろんのこと、この本をつくりませんか？と声をかけてくれた編集者さん、協力してくれたライターさん、装丁を担当してくれたデザイナーさん、表紙の絵を描いてくれた造形作家さん、流通させようと試みてくれた出版社の方々、入荷してみようと思ってくれた書店販売員さん、図書館司書さんなどなど。数えきれないほどの大人が、「あなたが死んだら悲しい」と思い、「どうか死なないで」と願っています。

あなたの悩みそのものを「私も分かる」とは言えませんが、あなたに死んで欲しくない、という思いが確かなこと、その確かな思いを抱くのは私だけではないことは、分かります。そして苦しい思いや状況が「ずっと同じ」ではないことも分かります。ほんの束の間、一瞬でもいいからあなたの張り詰めた糸がゆるんでくれること（すると「ずっと同じ」ではないことを体感できると思います）を願いながら、この本をあなたに贈ります。

メッセージコラム

ダメでもいい。
社会の「正しさ」から
逃げて、
仮面を使いながら
かわしていく

山田玲司
(漫画家)

1966年東京都生まれ。小学生の頃から手塚治虫に私淑し、20歳で漫画家デビューした後、『Bバージン』でブレイク。対談漫画『絶望に効くクスリ』シリーズや、恋あり成長ありの美術予備校青春コメディー『美大受験戦記 アリエネ』(以上、小学館)、『非属の才能』『キラークエスチョン』(以上、光文社新書)といった新書でも知られる。どの作品にも、「どこにも属せない感覚」を持った若者たちへのメッセージが込められている。

君たちがおかしいんじゃない、社会がおかしい

代　山田さんは普段から社会やシステムのおかしさを発信されていて、不登校の子どもたちに「君たちがおかしいんじゃない。暗黒期にあるこの時代や、分断を生んでいるこの社会がおかしいんだ」ということを、ずっと言い続けています。具体的にはどのようなところにおかしさを感じていますか？

山田　今にはじまったことではなく戦前から、ずっと社会がおかしいのです。戦争で酷い目に遭ったがために、国を豊かに、「成長＝《イコール》幸せな社会」を構築するために進み続け、社会はそのまま止まっている。そして、一部の人たちが成長し続けることを目的に、既得権益を守り、さらに身動きがとれない構図になり、そういった構図は教育行政にも当てはまります。時計が止まり、自らでは変われない国になってしまった。殴られて殺されて、焼け野原にならないと変われない国なんだと思います。

終戦直後は「お国のために死ぬ」というような戦争中の教育は間違っていた、と社会全体で共有していたのに、またその方向に向かおうとしているのがこの時代です。戦前や戦時中は、我々の世界は正しい方向に向かっているという幻想があった

んです。

戦争中は命が軽かった。命が軽いというのは、役に立つために死ねということで、それは裏を返せば役に立たない人間はなおさら価値がないということです。それが実は戦後も変わっていない。社会のシステムが、社会の役に立たないと死にたくなるような仕掛けになっているのです。

そんなことはないよ、みんなに価値があるんだよという時代もあったのですが、不景気が続き、みんなに価値があると教育されてきた人は、誰かが助けてくれると思ったのに誰も助けてくれないから疲れちゃったんですよね。それが就職氷河期世代です。

バブルの頃には世の中が明るくなるだろうと思って育ち、気がついたら暗黒期に入っていた。誰も助けてくれないし、家に帰れば家族もバラバラになっている。その時に心が荒れた人たちが、今のこの社会の空気を作っている。コスパ主義だったり、評価主義だったり、仕事で使えない奴は死ねばいいというこの社会の空気が、子どもたち一人ひとりを殺しにかかっている。これはすべて暗示であり、呪いです。

世の中全体がこの空気に支配されているので、使えない自分はダメなんだという追い込まれ方をする。それはとっても気の毒なことだなと思います。

成績評価の呪いにかかった
バカな大人たちをかわしていく

代　若者の自殺の原因は、トップが進路に関する悩み、次いで学業不振、その後に親子関係の不和、病気の問題、友達との不和などが続くそうです。この結果を見て、どのようなことが言えるでしょうか？

山田　まず学校の成績自体をバカにしたほうがいい。そして学校の成績で評価してくる人を可哀想な人と思ったほうがいい。そういうことを言っている人は昔の人です。偏差値の高い大学にいくことがよいことと思っている人、成績の呪いにかかっているような人と議論してもしょうがない。

議論がうまくできない子どもたちが論破できる相手ではない。でも覚えていて欲しいのが、「成績がよければよい人生が歩める」と洗脳された大人が言うことはぜんぶ大嘘。成績なんてどうでもいいことです。僕は成績が本当に悪かったけど、成績なんてその後の人生にまったく関係ない。だって現に今、幸せに暮らしているし、そういう人をたくさん知っています。

逆に、学校に行って成績さえよければいいという生き方を強いられてきた人の心の傷は本当に根深い。学校を卒業してもその呪いを死ぬまで抱えているし、自分の不幸を他者に押し付けようとします。

だから本当はどこかで止めなければならないのだけど、そう簡単なことではない。君たちが「先生、それは間違っていますよ」、なんて言わなくてもいい。とにかく「ありがとうございます」と言って、対峙せずにかわすことです。

大人の大半はバカだと思っていい。僕はまともな人は全体の7％くらいだと思っています。まともだなと思う人を自分の頭で考えて選んで付き合っていくこと。この人は違うな、と思ったら離れればいい。離れる、かわすということはZ世代の得意なことですから、得意なことを使って生き延びろ、と言いたい。

人間の価値は自分で決めたらいい

山田　学歴主義とか評価主義というのはすべてに影響していきます。例えば、ルックスもそうですし、生まれた地域の評価などもそう。全部バカが言っていると思っていい。そういったことは人間の価値に本質的に関係がありません。人間の価値は自分で決めたらいいんです。くだらないこと、バカなことを考えられるということでもいい。そういうことは人を幸せにできるから生きていけるんだよ。だから学校や社会で常識とされていることを、相手にしないことです。

代　評価主義の行き着いた先が、失われた三〇年なんですよね。学歴重視が加速して、はたしてイノベイティブなことが生まれたのだろうか、と思います。

山田　子どものころから塾に行かされて高学歴になった人たちは心を病んでいるんです。彼らが支配者側にまわった時に、そうではなかった人をどう見るかというと、あいつらは俺たちが勉強していた時に遊んでたから、今度は俺たちが楽しむ番だと思っています。そういう意味で、塾に行ったやつと行かなかったやつで分断しています。そこで耐え忍んだ人たちが豊かな心を持っていればよかったんですが、彼らは恨みを抱えています。この問題を解決する一つの道としては、彼らに愛情を与えること。塾に行っていた人たちをみんなで愛してあげることなんです。

代 特定の個人や層が悪いというよりも、そのシステムによってさらに同じような人が増え、システムそのものが強化されていってしまう、そういう感じは受けます。

山田 小さい時に勉強をしてよい大学に行ったお父さんお母さんが同じことを子どもにさせるんです。俺ができたのにお前ができないのか、というパターンは最悪です。人も違うし、時代も違うのに。自分と同じようにできるはずだと子どもに押し付けて子どもをぶっ壊す。ぶっ壊された子どもが学校ぶっ壊すんです。それか引きこもるか、どっちかですよね。

君が悪いわけじゃない

代 若者の自殺の上位の原因として友達との不和がありますが、それについてはいかがでしょうか？　私は学校に行かないという選択肢は十分ありうると思っています。でも同時に、行く先がなく、ひとりぼっちだとしんどいだろうなとも思うので、先

山田 日参加したイベントで山田さんが「引きこもりの子どもも実はインターネットでいろいろな人とつながっている」とおっしゃっているのを聞いてとても安心しました。

誰とのつながりもない引きこもりというのは暇で耐えられないですよ。だから実際には大人の考えているような引きこもりとはまったく違っていて、引きこもっている子どもはコックピットにいると思ってください。まるでコックピットのような空間で世界とつながっているんです。

彼らはその世界で生存戦略をしているので、インターネットスキルも、ネットリテラシーも高いし、しっかり社交性をもっています。大人たちはそれを「ずっとモニターだけを見ている」と受け止め、理解できていないのです。それもまた分断です。子どもたちはそこで成長を止めているわけではなく、ちゃんと成長しています。

代 もし周りとの不和で悩んでいたとしたら、その子たちにどのようなことが言えますか？

山田 そういう子はまずあせっていると思います。学校に行けている段階であれば、二つしかない。離れるか、やり過ごすことです。とにかく仮面をかぶるしかないんです。仮面をかぶって「これは自分じゃない」という闘い方をするしかないのですが、つらかったら離れたほうがいい。

なぜかというと、学校には壊れた人がいっぱいいるからです。「自分が壊されたから相手も壊したい」という人と友達関係ができなくても普通ですよ。おれは「ぼっち」だから、と感じることがあったとしても、一人ぼっちにさせている社会が悪いだけです。君が悪いわけじゃない。

三五歳まではうだうだしていい
自分を許して周りに甘える

山田　親は、学校に行かないことを甘えだとかいうけれど、そういう親には、それならやってみろよ、学校に行ってみろよと言いたい。理不尽なことがたくさんあって、みんな心がめちゃくちゃに壊れているから行けないわけで、楽しかったら当然行っていますよね。

それなのに親には学校に行けと言われて、また追い込まれる。その環境は君たちのせいではなく、親の問題なのです。親がやるべきことは、子どもが引きこもったら待ってあげること、もしくは別の選択肢を用意してあげることです。親の用意する選択肢のなかで子どもたちは「やっていけない、それは無理」と言っている。それはその子が悪いのではなく、親が用意した選択肢が間違っているんです。だからといって、たとえば田舎で農業をさせる、なんて極端なことはしなくていいから、まずは本人と探せばよいと思います。

学校に行かなくなったらお前は落ちこぼれる、と言う親がよくいますが、そんなのはどうでもいい。僕は、職につかなくても生きていける三五歳までは引きこもっていいし、うだうだしていいと思っています。それなのに、周りを安心させないといけない、と自分の心をぶっ殺して周りに合わせているほうが、のちのダメージは大きいです。そういう子たちは時間がかかってもなかなか治らないから、そんなことにならないように、自分を許して周りに甘えたほうがいいと思います。

居場所はそこだけではない、合わなかったら離れよう

代　山田さんが、あるイベントで参加者が転職をしてからうつ状態になっているとの悩みを打ち明けたら、その場でご自身が運営されているコミュニティに「おいでよ」とおっしゃっていたのが印象的でした。さらにその方が、「僕、友達がいないんです」と言ったら、その場で「ヤンサン（『山田玲司のヤングサンデー』）に来たらすぐに友達できるよ」と、その場でヤンサンのメンバーの方々を紹介し、輪に歓迎したのがとても素敵でした。自分の周りにはどう考えても分かり合えそうもない人ばかり、というケースも多いと思うのですが、周りにいる人だけが友達候補ではないですもんね。でも学校という場は特に、クラスや部活などで接する周りの人だけが選択肢と感じやすい場なのかもしれません。

山田　僕は子どもの頃にボーイスカウトをやっていたんですよ。ボーイスカウトが学校とは別の世界としてあって、ほかの学校の子たちとキャンプなどをしていました。視界が広がる二つの世界でした。そのほか学外ではバンドをしていました。最近はアニメの「ぼっち・ざ・ろっく！」（TOKYO MXなど）が流行っていますが、あれも学校の外でバンドを組む話です。昔はバンドといえば、学校の軽音楽部でした。でも「ぼっち・ざ・ろっく！」はひとりの女の子が、学校の外でバンドを組んで、ライブハウスを居場所にしていくという話。これは典型的なパターンだけど、そうした機会はバンドに限らずいろんなところにあると思うんです。スタジアムかもしれないし、国技館でもいいし、コミケでもいいし、なんでもいいので、ここは好きだなあと思うところからはじめたらいいんじゃないかな。

代　この書籍には発達障害の当事者であり、文学者の横道誠さんに寄稿をいただいているのですが、そこに書かれていてとても大事だなと思ったのが、「回復のコミュニティにつながる」という話です。私は山田さんの「ヤンサン」や「ゴルパン」（山田玲司ファンサロン「ゴールドパンサーズ」）も回復のコミュニティになり得ると感じましたし、そこだけではなく、いろんなところにそうした可能性を秘めているものがあるはずですよね。ひとりぼっちで誰も分かり合える人がいないと感じている方には、私も過去に似た思いを経験をしてきた者として、そこだけではないから大丈夫、と言いたいと思います。

山田　自分に合わなければ環境を変えればいいのです。自分の居場所がここしかないと思うと、死ぬしかないという考えになってしまうけれど、居場所はいろいろあるし、何なら国から離れてもいい。無限にあるんです。そんな簡単にいかない、とみんな言うけれど、誰かにコーディネートしてもらってハワイに行ってみてもいい。行ってみるとそこで見えるものは全然違う。いったん、隔離された環境からちょっと離れる。ハワイでなくたって、沖縄でもどこでもいいのです。まず、別の場所があるということに気づくことからだと思います。

親に絶望しても、自分は否定しない

代 続いて、親子関係の不和について伺います。家というのは過ごす時間も長いですし、親との関係は対等ではないし、家という場が居づらいと本当に苦しいだろうと思います。

山田 まさに親ガチャですよね。親ガチャという言葉のいい面があるとしたら、本人のせいじゃないということです。恵まれた環境に生まれ育った人も単なる運で、嫌なところの親に生まれた人も運で、大切なことは自分を責めないということ。親を否定することイコール自分を否定することになりかねない。さらに深刻なのは、親は嫌いだけど好き、ということ。これは本当に困ります。

代　親というのは、どんなに嫌なことを言われたりされたりしても、嫌いになりきるのは難しい存在ですもんね。

山田　親の間違いを許せるかどうかなのですが、なかなかそんなに優しくはなれないし、簡単なことではありません。しかも、何十年も先に生まれている人生の先輩なのに、そこまでしか成長してないのかという絶望があると思う。もっと大人になっていてくれよ、と子どもが思っているんです。

親への解決策は、これもまた距離をとることと、「ほかの親」を見つけることです。自分の親は、たまたま血がつながった縁があったと思って優しく対応するしかない。自分が攻撃的に出たら、親も攻撃的に出てくるでしょう。そうなると最悪のことになりかねないですから、まずは自分から攻撃的にならないのが一つのコツかなと思います。

親の攻撃をかわし、「心の親」を探す

山田　親から攻撃されたときも、とにかくかわす方がいい。親がイライラして、わあっ

と言ってくるときはほとんど親の問題なんです。親が何かに我慢できなくて、子どもにぶつかっているんです。今日は八つ当たりしているなと思ったら、傷が二倍にならないように、一発目がきたときに、今日はもう「やべぇ」と思って、「ありがとうございます、がんばります！」と言って自分から逃げる。もしくは、「勉強してきます」「図書館に行ってきます」といい子のフリをして、その場を逃げる。

そして、本格的に逃げる準備を少しずつ始めたらいいと思う。まず、「礼金」を貯めよう。今は田舎に行ったら家賃も安く、そこそこの値段で一人暮らしができるから、カウントダウンをしていればいいと思う。何年でこの家から出られるか、あと何円でこの家から出られるか、計画を立てる。そうすれば死にたいと思わないでしょう。そこから自分の人生を始めればいいのです。一人暮らしは楽しいよ。

「ほかの親」というのは、もう一人の親を見つけるということ。心の中のお父さん、お母さんを見つけるんです。ヒーローでも、ミュージシャンでも、ブルース・リーなど亡くなっている人でもよくて、「かっこいいな、こいつ」と思った人を、自分の心の親と設定するんです。その人たちを自分の心の指針にすればいいと思う。

山田玲司（漫画家）

インド哲学に老荘思想、自ら勉強する楽しさを知る

代　山田さんはインド哲学を学ばれたそうですね。考え方のヒントになっている思想があれば教えてください。

山田　インド哲学はめちゃくちゃおもしろいですよ。よくインドに行くと楽になると言われるのは、インドは今の現代社会とは全く別の考え方で動いているから。行くと衝撃を受けます。

インド哲学より、もっと分かりやすく手っ取り早いのは老荘思想です。老荘思想とは中国の老子や荘子らの思想で、たとえば、「学を断てば憂いなし」などです。勉強するからつらくなるんだから勉強なんかやめちまえと言ったり（老子なりの皮肉でもあるのですが）、バカのほうがいいよ、バカのほうが生き残るよと言ったり、苦労するようなものをしていると大体不幸なことになるよと言っています。「上善如水」というお酒がありますが、その「上善は水の如し」も老子の言葉です。最高の善は水のようなもので、立派な人ほど水のように下に行くということを言っています。バカほど上がろうとする。老荘思想を一発決めておくと楽になります。老荘の本は漫

画にもなっていて、分かりやすいのもあるし、僕の動画にもあります。老荘思想はおすすめです。僕を一番助けてくれたと言えるかもしれません。

代 老荘思想は、私は今日お聞きするまで全然知りませんでした。山田さんはおいくつの頃に学ばれたんですか？

山田 三〇代です。

代 三〇代で対談漫画『絶望に効くクスリ』の連載が始まるなど、山田さんにとって三〇代は転換期だったのでしょうか。

山田 最初のヒット作はバブル期の一九九一年で、バブル崩壊の九七年まで連載が続いていたんですが、その間、世の中の空気は徐々に変わっていきました。九五年以降はみるみる変わり、暗黒期に来ている実感がありました。「キレる一四歳」がクローズアップされ、酒鬼薔薇事件（神戸連続児童殺傷事件）が起きたのも九七年です。その時に、自分はどういう漫画を描いたらいいのか、という本質的なことに向き合って思想の勉強を始めたのです。仏教に、密教、そうした中に老荘思想もありました。九七年の香港返還年には香港にもチベットにも行き、自分の中で大変革を迎えます。それまでの自分ではない状態になって山を降り、そこから謙虚に勉強をするようになりました。ヒントが山ほどあるので、自分から勉強するのは楽しかったです。

その後、二〇〇三年から『絶望に効くクスリ』で実際に誰かに会いに行くということを始めました。二〇〇〇年代は「会いに行って学ぶ」を徹底的に行いました。

絶望は筋トレ。苦労をしていると力がつく

代　私も最近になって、コンテンツでも本でも思想でも、触れたら自分が変わると実感できるようになりましたが、山田さんも見聞きしたもので内面が変わった感覚はありましたか？

山田　もちろんです。以前もすばらしいものにはたくさん出会っていたのですが、意図的に探し出してからは特に救われることが多かったです。『絶望に効くクスリ』を始めたのも、僕自身が絶望していたからです。失恋や、人に裏切られたり、いい漫画を描いているのに売れないのはなぜだろうと悩んでいました。悩んでいるうちに、世の中がおかしくなっているのはなぜだろうと疑問になり、その疑問のために自ら

学ぶ。疑問があったので、会う人、会う人に、何で？　どうして？　と聞きに行って学んだのです。

代　今すごく苦しいと感じている人は、この状態はおかしい、この社会はおかしいという思いが強ければ強いほど、疑問の種となり、大きな花が咲く可能性があるのかもしれませんね。

山田　悩んでいる方には、今のそのつらい時期を筋トレだと思って欲しいです。苦労をしていると力がつきます。苦労していないと心が折れやすいので、僕らバブル世代の人の心が折れやすいのは、時代が良かったからといえます。きつい時期を経験していると、何か困難に出会っても、こんなものだろうと思えますが、経験していないと心が折れてしまう。

今の若い世代の人に感じるんですが、貧困から始まっている人が多いので、僕の世代より本質的に強かったりします。だから、死のうかなと思っている人のほうが筋肉がついていて、誰か助けようとしたり、共感性が強かったりします。

死のうと思ったことがある人は感性が鋭い

山田　またもう一つ言えることは、死のうと思ったことがある人は感性が鋭い。なので、一回でもそこを通ったという経験は、実は価値のあることだと思っていいと思います。

代　私もそれは強く思います。自分がすごく悩んで苦しんだら、同じような思いの人を助けたいと願うものなのかもしれません。『絶望に効くクスリ』の登場者は絶望した経験のある方が多く、心をじわっと温めてくれるメッセージをいただくことが多かったです。

山田　話を聞いたほとんどの成功者が死のうとした経験を持っていましたし、実際に自殺未遂をしている人も多かったです。けれど、それくらいみんな大変なんです。この国はおかしいから、死のうと思うのは普通のことで、これだけ自殺率が高いのに社会を変えようとしない。そのこと自体が悪いということだけは繰り返し伝えたい。

模範解答なんてない、「正しさ」の呪いを解こう

代　山田さんが以前、「自分の正しさを盲信しないこと」とおっしゃっていたのも印象的でした。

山田　そもそも正解なんてないのです。正解は時代によっても、相手によっても、国によっても変わってしまう。その時代、その場所での正解をみんな信じてきた。自分がダメだと思う時がありますが、どういう時に何をもってしてダメなのか考えると、その根拠は大したことがないと気づくはずです。出世するとか、名をあげるとか、見た目がよくなければいけないとか、そういった刷り込まれた正しさというのは本当に正しいことなのか。たとえば、「こんな見た目じゃ外に出られない」と言う人がいますが、それも呪いの一種です。出られる見た目と出られない見た目が果たしてあるのかどうか。キレイでなければ、かわいくなければ、イケメンでなければならない。本当にそうでしょうか？　それらは全部思い込みで、間違っていて、そうでない人が幸せだったり、そうでない自分自身が幸せになったりすることも十分にあります。

なぜ評価主義のような社会になってしまったのかというと、そもそも学校の勉強がクイズ形式だからです。「答えはなんですか。模範解答はこれです」が基本の型で、こっちの考え方やいろんな考え方がある、というのはなかったことにされてしまう。国民がダメにされてしまっているんです。模範解答に慣れてしまうと、ふた言目には「じゃあ答えはなんですか、どうすればいいんですか」となるのですが、答えはない。どこかに正解があるはずだと、答えにすがって生きていると苦しくなってしまうけれど、そういう風にとらえないで、もっと楽な方に、「ま、いっか」と考える側に寄せて生きていたほうがよいと思います。正解を追いかけるより、そっちのほうが与えられた人生を楽しく生きられるはずです。

代　学校の勉強がクイズ形式だということに通ずると思うのですが、読書感想文も先生に求められるような作文を書くものになってしまっています。私も小中学生の子育てをしていて実際に見ているから思うのですが、求められる解答を書くことがいいことになっていて、それじゃあ誰が書いても同じじゃないかなと思ってしまいます。

山田　それはChatGPTとかがやることですよね。

代　人と人との付き合いは、模範的な解答をすることではないですもんね。学校で求められている姿、あり方と、実社会で求められる姿はまったく違いますよね。

山田　先生も演じているから、教師も気の毒なんです。教師もぶっ壊れている。彼らもシステムと子どもの間にはさまって苦しんでいる。だから先生も壊れて、教員の休職者もバンバン出て、なり手も減るという悪い連鎖が起こっています。一度すべて解散したほうがよいと思います。

代　個々の先生たちは、話してみると本当によい人たちばかりなので、おかしなシステムにのっとらなければならないという要素が大きい気がします。ただ、そうした状況を絶望と感じて死んでしまうくらいなら、繭やコックピットにこもるほうがいいと思いますね。

山田　そう、防空壕です。

評価される本質的なところは見た目ではなく言葉や態度

代　先ほどおっしゃっていた見た目の呪いというのは、最近では女の子だけではなく

山田

若い男の子にものしかかってきはじめていますが、若い女の子と富裕層の子どもの幸福度が下がっていることは国連でも問題視されているそうです。

美容整形などもどんどん低年齢化して、学生をターゲットとした広告が電車やバス内で見られたり、インターネットでも広告がバンバン出てきます。こうした状況も、ありのままの自分を受け入れることを難しくしているのかもしれません。

いわゆる恐怖マーケティングです。あなたはくさいと思われてますよ、と言ったら消臭剤が売れますし、そこにバイ菌がいると言ったら除菌剤が売れる。すべては恐怖ビジネスですから、広告がきたら、誰かが儲けているんだなと思ったらいいんです。

実際のところ、人が見た目を気にするのは最初の五分か一〇分くらいと言われていて、評価される本質的なところは言葉や態度なんです。だから見た目をどうこうというのは、そもそもの鍛えるところを間違っているんです。そこじゃない。そんな安い整形なんかでよく思われるなんてことはない。

本質的なことは、相手のことを尊重できたり、相手の意思を汲むことができたり、最後まで人の話を聞いたり、そっちのほうがはるかに「この人すごい」と思われますし、愛されます。この子は俺のことを分かってくれるな、こいつと一緒にいたい、と思わせるポイントは顔ではないと思う。もし顔で選んでいる子がいるなら、顔を選んでいる時点でダメだと思う。AIが発達して加工でもなんでもできる時代に、どこで勝負するのかというと中身しかない。相手を気持ちよくできる力、心の問題です。それは昔から言われてきたことで、映画「男はつらいよ」で寅さんも言ってましたよ（笑）。寅さんは今で言うイケメンではないかもしれないけれど、かっこいいし、いま観たってあこがれちゃいます。でもちょっと昔の日本はそうだったんです。だからもう一回そこに戻ろうよ、と言いたい。

誰かにありがとうと言ってもらえることが幸せ

代　最後に、先ほどおっしゃっていた「ま、いっか」と緩めるコツがあれば教えてください。

山田　子どもたちは漠然と「何かにならねばならない」と思わされています。でも子ども自身に、本当は何があれば満足ですか？　と聞いてみてください。実際に聞いてみると、大半が大した暮らしを望んではいないんですよね。欲しいのは、ちょっとした友達、ちょっとした仲間、ちょっとした暮らしで、それが叶えば満足なんです。そのために命をかけて何かするのではなく、そこを目がけてとりあえず向かっていけばいいと思う。

人生の目的はなんですか、と聞かれるとみんなが悩むけれど、人にありがとうと言ってもらえればだいたい幸せで、誰かにありがとうと言ってもらえたんだ、自分は存在していいんだ、価値があるんだと思えます。自分がありがとうと言えて、ありがとうと言われる関係性があれば助け合えます。苦手なことはあいつに任せる、得意なことは俺に任せろ、という関係性ができると、だいぶいい。シンプルにそれでいいし、それだけでいい。東大に行かなくたっていいし、美人じゃなくていいし、体重が五〇キログラムを超えたら絶望とか言うけれど、そんなことは全く関係ないよ。

そうじゃないんだよ、もっとシンプルに、ここところ、それをとりあえず目指して、あとはいらないと思っていればいいんだよ。

ゲームにアニメ、漫画ばかりでも、そんな自分を愛おしいと思って

山田

また、ゲームばかりしている自分がダメだと追い込みがちだけど、どんどんやれよ、と思います。好きなだけ、満足いくまでやればいい。ゲームクリエイターだって、必死に作ったんだから。プレイする人に楽しんでもらおうと作っているわけで、君らの人生を台無しにしようと思って作っているわけでは決してない。漫画も、アニメも同じことが言えます。

僕たち作り手は、お前ら地獄に落ちろと思って作っているんじゃなくて、楽しんでもらおうと作っているんだから。そういう風に思ってくれているのなら、好きなだけやったら、と言いたい。そのうち作り手に回りたくなると思う。お腹いっぱいになると作り手に回りたくなるよ。それを大人がバッと無理やり奪うから、お腹が減っている状態で大人になってしまう。本当はそっちのほうがまずい。大人になってから、変な大人買いしたり、風俗通いがやめられなくなったり、変な勧誘に引っ

かかったりしてしまう。身近なところで満足いくまでやったほうがいいと思います。そして、そんな自分を愛おしいと思ったらいいと思う。

代　そんな自分を愛おしいと思う、というのは大事だと思います。周りに「あなたが愛おしい」と言ってくれる人がいれば理想ですが、そう言ってくれる人がいない時は、自分で自分を愛おしいと思う。それだけでも自死から遠のいて、「自分は大丈夫」と思えるきっかけになります。

山田　悩むということは人間らしいことでもあります。苦しむことも人間らしい。動物は悩まないし、僕たちは悩みのない動物にはなれません。悩んでいるということは人間を堪能していることでもある。人間らしさを味わっているうちに、時間が経って、三〇歳くらいになるといい感じになっているはずです。

だから今は「とりあえず逃げろ」と言いたい。社会がこうしろという正解から逃げて、仮面を使いながらやっていければいいんです。

メッセージコラム4

孤独な勇者

大関《おおぜき》真之《まさゆき》（東北大学大学院教授）

「多分そいつ、今ごろパフェとか食ってるよ」

Twitter だかで見かけた投稿だったかと思う。自分が思っているよりはるかに、世界は自分のことに無関心である。私の自殺未遂のきっかけはいじめであった。

小学校四年生のときだ。砂場でお城か何かを作っていたような記憶がある。その日は担任の先生が研修か何かで不在であり、自学自習の名の下に授業時間は自由な時間となり、校庭に放たれた獣たちが走り回っていた。その獣たちは僕の創作物に砂やどろを投げつけた。

僕の大事な世界が壊される。僕の世界を壊すものは敵である。向きを変えて背中で覆い、僕の大切な世界を守る。それでも敵の砲撃は止まない。誰も守ってくれない自分の世界。

大人にはわからないかもしれない孤独な戦い。誰も大人の見ていないところで子供たちは残虐に互いの世界を破壊し合う。それを守るために、子供にしてみれば命懸けの戦争をしているのだ。

無邪気な破壊神に囲まれて、毎日毎日戦ってきた。僕の戦いは家でも続く。今から三〇年ほど前は景気が良いと言われていた時代の終盤である。仕事をするとそれなりにお金が稼げた時代なのだ。そのため、おもちゃを始めとした物はそれなりに買い与えられていた。しかし、そこには親の必死な働きの犠牲がともなわれていた。

親の不運な残業で、夜遅く帰宅するようなときには理不尽に家に入れない時間もあった。今思い出してみると、なぜ鍵がなかったのだろう。なぜ他の家族はいなかったのだろう。思い出そうとしてもよく思い出せない。今とは異なり、携帯電話があるわけでもなく、家族それぞれがその生活を維持するために出ていたのだろうと想像する。そうした意味では子供であった僕も戦っていたのだろう。特に家に入れないことを恨んで叫んで困らせるようなことはしなかったと思う。ただただ、とにかく戦う日々であった。

我慢すれば、待てば終わる、その苦しみは。そう思っていた。学校に行っては息を潜めて、自由帳に描く自分の世界。図画工作の授業中には立体的な創作物で、その世界を現実に広げていた。校庭に出て遊ぶようなこともなかった。ドッジボールも苦手で、必死に避けて、その時間が過ぎるのを待っていた。

獣たちは厄介なことに力づくで、集団で強い言葉を投げつける。理不尽な非難の嵐で僕の心まで侵食し始めていた。小さな勇者は一人孤独に世界を守る。止まない砲撃に対抗するべく手で砂を払った。その砂が誰かの顔に当たったらしい。激昂する獣たち。「謝れ！謝れ！」と大声で叫び始めた。それを聞きつけて仲間が駆けつけてきたらしい。囲まれる我が城。我慢すれば終わるはずの争いが、エスカレートしてしまった瞬間である。

逃げるしかなかった。校舎の中に逃げ込む。しかし追いかけ回す獣たち。追っ手の数は増えていく一方に感じられた。校舎の中で響き渡る声。

誰も助けてくれなかった。階段を駆け上がり、逃げる場所を探して、ついに屋上の寸前まで駆け上がった。行き止まりのはずである。追い詰められて何をされるのかわかったものではない。階段の踊り場からふと視線を上げると窓が開いていた。その窓を抜ければ、逃げ出せる。その窓を抜ければ、全て終わらせられる。我慢の限界だった。もう終わりにしたかったのだと思う。

「だめ…‼」「ダメだよ…!!!」

誰の声か、誰の手かわからない。自分の手を引っ張られて階段の踊り場に戻される。逃げられない現実。その後どうなったのか全く覚えていない。一人下校させられた。その日は鍵が開いていた。家族がいた。もしも鍵が閉ざされていたら、どこかに歩き出そうとしたのに。

それでも世界は変わらずに続いていく。

翌日、学校に登校しても飛び降りようとしたことについて、何も言われなかった。この顚末を聞いたはずだが担任の先生からは、何も言われなかった。何も変わらなかった。まるでゲームをリセットして、何事もなくまた始まるかのように。

あんなことがあっても、世界は変わらず続いていくのだ。たとえ飛び降りて私がいなくなっても、葬式の後には変わらない世界が続いていたのだろう。何もなかったように世界は続いていく。そしてまだ続く。このつまらないゲームに指をかけてリセットしたとしても続くのだ。同じゲームが続くのだ。

それでも僕は生きている。世界を歩くことがまだ許されている。

このゲームの続きには、たくさんのシナリオや分岐点が用意されているらしい。学校はさまざまにあり、仕事もいろいろだ。よくよく考えてみると住む場所も自由だ。歩いてみれば、たくさんの人に会うのに、その人にまた出会うことは少ない。実際に歩き続けてみると、あの獣たちとは無縁になり、家族のほとんどは年を経ていなくなった。住む場所も離れて、故郷という故郷を持たずに生きている。なるほど、このゲームには意外な展開があるものなのだ。

孤独な勇者の旅は長く険しいものだった。小学校を卒業して、土地を離れて中学校、高校ではそうしたいじめのない世界にたどり着いた。あの世界が異常だったのだ。

ものづくりに没頭していた少年は、コンピュータと出会った。自由に自分の世界を描くことのできるコンピュータの世界に興味を持った。大学受験のために通った予備校では運命の出会いがあり、少年は物理学者という道を目指した。大学教授となりスタートアップ企業の代表取締役社長となった。テレビやラジオにも出演するようになったし、自分の生き様がＷｅｂ記事や新聞記事にも掲載されるようになった。そしてこうしてあのときに味わった孤独な戦いを思い出しながらこの文章を書いている。

あのときの孤独な勇者よ。生き延びよ。その世界は異常な世界だ。抜け出した先に違う未来が待っている。そして世界は広い。その大きな世界を変えようとするのは難しい。でも広い世界であるなら、自分が住むべき世界を探すことはできる。その冒険に一歩踏み出すことができるのが、本物の勇者だ。

戦わないでもいい。逃げるんだ。その傷を癒す場所はきっとある。勇者は勇気を持って逃げるんだ。そしてその勇気でもって人を、そして世界を優しく導くのだ。

あのときの勇者は今日も生きている。教員として、孤独な勇者を探し導いていく。

大関真之（東北大学大学院教授）

一九八二年東京生まれ。東京工業大学理学院物理学系教授。株式会社シグマアイ代表取締役CEO。東京工業大学大学院理工学研究科物性物理学専攻博士課程早期修了。二〇一九年に東北大学発のスタートアップであるシグマアイを創業。二〇一六年度、文部科学大臣表彰若手科学者賞受賞。著書に『Pythonで機械学習入門』（オーム社）、『量子コンピュータが変える未来』（同、共著）など多数。

「死」という
重大な誘惑を
どう乗り越えるか

小林康夫
（哲学者）

1950年、東京生まれ。表象文化論、現代哲学が専門。東京大学大学院人文科学研究科博士課程単位取得退学。パリ第10大学博士号取得。東京大学名誉教授。主な著書に『光のオペラ』（筑摩書房）、『若い人のための10冊の本』（筑摩書房）、『存在とは何か』（PHP研究所）、『クリスチャンにささやく』（水声社）など。

小林康夫（哲学者）

死を選ぶのは「間違っている」

僕は、自殺の問題のプロでも、精神科のプロでも、心理学のプロでもない。学校の問題に通じているわけでもないし、こういう話をしたこともほとんどない。東京大学で何十年間か教えていたので、心を病む学生たちの話を聞いてはきたけれど、僕自身はいかなる意味においても、社会的に皆さんにお伝えするような知識を持っているわけではない。

しかし、二〇一九年に書いた『若い人のための10冊の本』（ちくまプリマー新書）の本のメッセージの一つが「死んではいけない」だった。そして、これを書いた者として、代さんからの今回のオファーは受けないわけにはいかないと思って筆をとっている。

僕は哲学者ということになっているが、ここでは大学で教えているような哲学は扱わない。そうではなくて、すべての人間が持っている、世界はどうなっていて、人間とはどういうものであって、世の中で生きるとはどういうことか、についての自分なりの考え、そういった意味での哲学について話そうと思う。だから、一人の学者としてではなくて、そういうことをずっと追求してきたひとりの七一歳の爺さんとして、お話ししたい。

君たちの姿は僕には見えないし、君たちがいったいどういう人たちなのか、僕にはわからない。そういう君たちに僕が言えることは一つだ。命を断とうと思っているなら、僕は「それは駄目だ」と言いたい。それは「間違っているから」だ。

自分で死を選ぶということは、間違っている。言いたいことはそれだけだ。

「分かった、間違っているのか」と考え直してくれれば、もうここでこの本を閉じてくださっても構わない。ただ、そうともいかない人もいると思うので、少しだけ補足をする。

死は人間にとっての究極の問題

死という問題は、人間にとっての究極の問題だ。最も謎めいていて複雑で、正解がない問題だ。どのような人間も死に出会う。しかし、一人ひとりの死はまったく違う。一〇〇歳まで生きて亡くなる方もいれば早く自ら命を絶つ人もいる。病で苦しみながら亡くなる人も、戦争で死ぬ人も、事故に遭う人もいる。死は多種多様だ。しかし、みんなが必ずいつかそれを迎える。人類すべてに共通する唯一の問題だ。

死は多種多様だからこそ、一般的なことがとても言いにくい。しかも、実験して確かめるわけにはいかない。そのため、ここでは問題を狭めて考える。ここで僕が対象にしているのは、小学校五年生ほどから大学生ほどまでの若い人で、そして未来に対する不安から自ら死を選ぼうとしている人だ。

つまり、いまこの瞬間苦しんでいるというより、「明日学校へ行くとまたいやな目に遭うのではないか」「学校に行っても何もいいことはないのではないか」と気持ちが暗くなって死を選ぼうとしている人のことだ。もちろん、細かな理由は様々だ。しかし、共通しているのは、明日のことを考えると胸が不安になって、居ても立ってもいられなくなって「このような思いをするなら」と思い始めているという点だ。そして、不安や恐怖といっても、目の前に刀を向けられている恐怖ではなくて、未来に対する不安や恐怖をおぼえ、体が固まってしまう人に向かって僕はいま書いている。

人間というのは、明日のことを考えられるし、それを不安として受け止められる。そして、そのことが自殺願望のもとにある。その不安や感情を、問題という形ではっきりと言葉にすることができないから余計に不安になるのだ。

ウソやインチキがいやだから不安を真正面から引き受けている

明日がいやだという人はいっぱいいる。大人の中にも「また課長にいじめられるから会社に行きたくない」と考える人は多いかもしれない。だが、大人はそのことだけでは簡単に死を選ばないだろうと僕は思う。もっと深く生活の全体が行き詰まって、絶望して、長い期間の苦しみを経て死へと行き着く。背景となる事情はさまざまで、とても簡単にここでひとくくりにはできない。いま、僕が語ろうとしている君たちとは、そういう大人ではなくて、いままさに「大人になろうとしている」その時期だからこそ、はじめて自分にとっての死というものと向かいあっている、そういう君たちだ。幼い子どもたちは自殺は考えない、考えることができない。でも、君たちは、子どもから大人への境界にいて、そこで死ということをはじめて真剣に考えないわけにはいかない。そういう君たちに語っている。

この間に何が起こっているのか。ここは、子どもが大人になるために通らなければならない場所だ。難しい言葉では通過儀礼、イニシエーションという。この時期が大きな関門なのだ。

いまの日本社会では、学校がこの部分をすべて引き受けて、社会の中で生きていける有能な人になるすべを教えてくれることになっている。ところが学校は実は生きることについては何も教えてくれない。数学とか理科といった、どうでもいいことばかり教えている。東大名誉教授の僕が言うんだから間違いない。いまの学校で教えていることは大したことではない。

日本社会が押し付けてくる「学校」は、すべての人が行くべきだとされる。しかし、ちっとも面白くないし、実際はいじめの空間だったりする。その学校に行くことに不安がある人に、僕は言いたい。

いま、君が非常に敏感なセンスで感じていることは、実はとても大事だ。これは人生でもっとも重要な学びのチャンスなんだ。これから社会の中で一人前になるために、一人の人間になるために必要なことだ。

君たちは子どもから大人になろうとしている過渡期にいる。だからこそ、明日が不安だという気持ちにもなる。そのとき、少し学校のお勉強ができるやつは、そこを理屈でごまかしてやり過ごすことがあるし、あるいは人をいじめることによって自分の存在する意味を作ってごまかして乗り越えていく人もいる。

だが君たちは、そういうインチキがいやなわけだ。嘘で自分を肯定して、あるいは不安を暴力としてぶつけて突破することがいやなんだ。だから、不安を真正面から引き受ける。そうすると未来が暗くなってきて、「学校なんか行ってもしょうがないのではないか」「こんな人生、生きていても意味はない」というところにたどり着く。

こういう大事な時期に限って、重大な誘惑がやって来るんだ。それが死だ。

死という誘惑は人間に必ず訪れる

死は誘惑だ。これほどの誘惑はない。死は誰にでもやって来る。しかし、生きている人の中に、死んだことのある人はいない。僕たちの周りには死者もいるし、お墓もあるし、葬儀も行われているけれど、死そのものはどこを探しても見つからない。死については誰も知らない。

でも、人間は死ぬように運命づけられている。だから、たいていの人間は、この時期に必ず何らかの仕方で死について考える。ただ、考えてもしょうがないから大体の人が考えるのをやめる。

赤ちゃんや子どもは死のイメージをまったくもっていない。でも、小学校五年生くらいになると、「死って何だろう、死んだらどうなるんだろう」と気になる人が出てくる。むしろ、それが分からないと一人前の大人になれない。ある意味では、死の誘惑を引き受けていることが、大人として生きていくということだ。

死の誘惑を説明するとこんなふうになる。


一発この手を打つと、オセロで黒を一つ打ったらすべてが黒にひっくりかえってしまうように、日本社会が押し付けてくるどうしようもなくつまらないゲームを一挙に終わらせられる。ゲームに負けているような感じがするけれど、これをやったら逆転ホームランだ。私が死ねばすべて終わるではないか。いやな思いをするために学校に行くくらいなら人生をやめてしまいたい。学校に行ったたって何にも意味がない。生きていたって何の意味もない。すべてを捨ててゲームエンドにしてしまえば、話は簡単だ。私はいままでずっとやられっぱなしだったけれど、

この一発を食らわすことによってゲームをすべてひっくり返すことができる。

こういう一種の誘惑が訪れる。これが一〇歳ほどから二〇歳ほどの間に、不安とセットになってやってくるのだ。この罠に乗ってはいけない。頭で考えると、結構チャレンジングでスリリングで「これしかないか」という感じがするかもしれないが、それは間違っている。

君は、君の自由というものを、間違いのために使おうとしている。

僕は断固として言う。間違いだ。

どこかの法律に書いてあるから間違っているということではない。君の考えているその「ゲーム」が、君の想像とはまったく違っているのだ。君はある意味では、人間が陥りやすい罠に引っかかっているだけだ。だからその間違いに気がつかなくてはならない。

誘惑が強いことは僕も分かる。『若い人のための10冊の本』にも書いたけれど、僕だって昔、若くして自殺した人の本を何度も読んで、死をとても魅惑的に感じた。これは、少し間違えるとそちら側へと行ってしまうような微妙な問題だ。

そして、死の誘惑に駆られることはまったく正当なことで、間違っていない。しかし、実行するのは間違っている。

自殺しようと思う心は間違っているわけではないのだ。それは人間が一〇歳から二〇歳ほどのときに必ずどこかで触れたり、かすったりするような、誰もが考えることだ。だから考えることは間違いではない。しかしそれを本当にやるのは間違っている。

君の体が死ぬことと、君が死ぬことは違う

君は、自殺するかもしれない。

しかし、君が殺せるのは、たかだか君の体だけだ。

君はナイフを使って心臓を刺すことができる。心臓を刺せば、心臓が止まって君の体は死ぬ。

でも知っているかい、君の体は少しもそのようなことを望んでいないんだ。君の体は明くる日も明くる日も君を生かすために、共同作業をしている。六〇兆もの細胞が生命を維持しようと動いている。それを忘れていないか。君はその体を捨てようかと言っている。

ふざけるな。この生命体は、君の体は、死ぬことをちっとも望んでいない。

君は君の体を殺すことはできる。でも君は、この体ではない。君は君の体を殺せるけれど、君は〈君〉を殺せない。君の体と〈君〉は別のものだ。

君の体は生命体だ。だから君は君の体を殺せる。でも君の〈君〉、ほんとうの君を終わらせることはできない。体が消えたからといって〈君〉は終わらない。だって君の体が生まれたときに、〈君〉はいなかったんだ。生まれたときの記憶はないだろう。お母さんが出産したときのこと、何も覚えていないだろう。そのときに生まれたのは君の体だ。君の体はそのときからある。〈君〉と君の体は違う。

〈君〉というのが一体いつ生まれたのかはよく分からない。君の体がお母さんのおなかの中にそなわって、お母さんから生まれ、だんだんと大きくなって、おっぱいしか飲めない時期を経て、少しずついろんなものを吸収し、言葉を覚え、いつの間にか生意気になり、文句を言いながら自分で物を作り、喧嘩したり泣いたりしながら〈君〉というものは形成されてきた。〈君〉というのは、長い時間かけて少しずつ構築されて作られてきたものなんだ。しかもいまの君は、〈君〉が作られていく過程のもっとも大事なところにいる。それを自覚しなくては駄目だ。

君の体と〈君〉は重なっているけれど、一〇〇%同じではない。君の体を始末したからといって、〈君〉を始末できるわけではないんだ。これは実に微妙な関係で、きちんと説明することは非常に難しい。死が難しい問題なのはここに大きな関係がある。〈君〉を終わらせることは、君にはできない。

自殺したら〈君〉はどうなるのか

そこでだ、もし君が自殺したらどうなると思う。君は生命体としての君の体を終わらせることができる。しかし、〈君〉はそこにとどまることになる。

下手すれば、そこからもう二度と動くことができなくなる。つまり「私の体がなくなれば、私というものもまた綺麗さっぱりなくなる。電気が消えるようにすべてのものもなくなる。ゲームエンドだ」と考えているのが間違いなんだ。その見方は間違っている。ゲームエンドになったその状態が残り続ける。

君という人間の意識、つまり〈君〉は、君の体と同じものではない。体を始末することはできるけれど君は君自身の意識を始末することはできない。自分で自分の体を始末しようとするとき、その痛みは、意識があるうちは君は受け止めなくてはならないし、そのあとは、時間がもう流れない「終わってしまった時間」の中で、君自身で持ち続けなければならない。

そういうことを昔の人は地獄と呼んでいた。いまの人は「地獄なんてない、死んだら終わりだ」と言うけれど、それは軽率だ。これまで人間が地獄とか天国という言葉で語っていた何かは確実に存在する。ダンテという人がかつて『神曲』という作品で煉獄《れんごく》や地獄について書いた。もちろん、想像力で書いている。もちろん、文字で書かれた通りかどうかは僕には分からない。だけれど地獄は存在する。

「私の体は私の持ち物だ。私のものを私が始末しても問題ない」という考え方もまた間違っている。

お母さんのお腹からこの地上に生まれてきて、それから時間をかけて君の意識というものが少しずつ作られてきた。そしていまもまだそれは形成されつつある。〈君〉というのはすぐに完成するものではない。時間の中で変容し続けながら生成されていくものだ。その途中で体を始末してしまえば、流れていく〈君〉というものが止まる。その始末した時間にとらわれてしまい、そこから逃れられなくなる。

つまり、君が望む解決は得られない。すべてがパーになるわけではないんだ。自分の意識が消えて苦しみや不安がなくなってチャラになるわけではない。そんなことは起こらない。

だから、やめな。馬鹿だから。これが僕がもっとも言いたいこと。

君の元々のあり方は、まだ君には見えていない

日本の社会は勝ち組と負け組を区別して、いいポジションを目指さなければ駄目だというプレッシャーをかけるけれど、そのようなことはどうでもいい。

いつまでも生きようとしている美しい体の中で、ものすごく時間をかけて君自身を作っていく、そういう過程にいま君はいる。君はまだ旅の途中だ。この旅には目的地はない。旅をしていることが大事なんだ。生きていると、苦しいこともあるしいやなこともある。でもそういうことを引き受けながら、君が、まだ君ではない君が、君らしい君になっていく。いまの君はその部分を生きようとしているんだ。そのゲームをやめちゃうなんて思っては駄目だ。このゲームはそう簡単には終えられない。

自分のことはすべて分かっていると思うだろう。ところが現実にはまったく分かってい

ない。私たち一人ひとりはとても不思議なものだ。君だってとても不思議なんだ。君がいま意識している「私ってこういうものだよね。中学校三年生でこれから受験しようと思っている」は、いまのところはあたっている。いまはそういう形をとっている。

しかし、君の本来のあり方は、まだ君には見えていない。君は自分がどういうものかまだ分かっていないんだよ。まだ君の中にいろんなものが隠されている。旅をここでやめてしまえば、自分の体を傷つけた痛みだけが残る。その痛みをずっと背負っていかなくてはならなくなって、地獄に落ちる。

馬鹿馬鹿しいから、この誘惑に乗っかっては駄目だ。

繰り返そう。これは人間が陥りやすい罠なんだ。よほど頭のいいやつでも、あるいは頭がよければよいほどはまる罠だ。考えれば考えるほど、自殺というのが、自分に対して自分ができる最後の意味づけだという気がしてくる。「これ以上の意味はないのではないか」「自分の体を犠牲にしたら、他では得られないものが得られるのではないか」という考えだ。これは嘘だ。

自殺しても、そんなもの得られない。

死の壁に近づいて、はじめて自分自身になることができる

さらに付け加えると、君はすでにそこまで来れているということでもある。

死の誘惑を何らかの仕方で真面目に受け止めるということが、自分自身になるためには必要なことなんだ。自殺をすることは間違っているけれど、自殺するギリギリのところまで行ったということは、言い換えれば、すでに素晴らしい学びを手にしているんだ。

これを学びにしなさい。これは学校なんかでは絶対教えてくれない。誰にも教えられない、自分でしか学べないことなんだから。君はいまもっとも大事なことを学ぼうとしている。生きるということは、必ず死と表と裏の関係なのだから。

人は必ず、死の壁には近づかなくてはならない。死の壁にまったく知らん顔して順調に生きていく人間なんていうのは、僕の感覚では存在しない。自分にとっての死を考えないようでは、駄目だ。人間はどこかで死を自覚しなくてはならない。自覚したときにはじめて、ほかの人を慈しんだり、好きになったり、あるいは自分自身が大事になったりする。

これが分かりさえしたら、自分というもの、そして人というものがどういう存在なのかを本当に理解できる。

試験の問題で回答できるような内容としてではなく、「なるほど人間というものには、死というものが一つの力として常に働いているものだ」と感覚で理解する。これが重要だ。

死に誘惑されたということを覚えておく。

このとてつもない誘惑に自分が引っ張られなかったという事実を積み上げる。

この誘惑の存在を知った上で、自分が自分の生きる道を選べることに気がついたとしたら、最高の学びを手にしたことになる。それは絶対に保証する。君はいま、そのチャンスを得た。君は、この第一段階のところでの学びを使って、残りの無限の可能性を生きていく。

この誘惑に負けてあちら側へ行ってしまったら、何も学ばなかったことになる。惜しい。せっかく近くまで来たんだから、誘惑をすうっと避けて、それを自分の心のもっとも奥に秘めて、生きていくんだ。

一度死ぬことを覚悟した後の強さ

君は非常に感受性が鋭い。いろんなものを受け止められる。意味も考える。だからこそ心が弱くなってくる。弱くなってしまうと、つい、体をなくしてしまえばいいと頭で思ってしまう。でもそれは違う。その誘惑に負けてはならない。悪魔の誘惑のようなものだ。乗っかってはいけない。

その誘惑を避けてはじめて、人間が生きるということの意味が少し違って見えるはずだ。感覚でそれをつかめるかもしれない。これこそが最高の学びだ。これがあればあとはずっと生きていける。

若いときに死という問題を考えるのは当たり前だ。よく分かる。だが、それで本当に自殺するのは間違っている。自殺をしても、君が思うようには全然進まない。だから、その道は行かずに、死の誘惑を体験したということを学びとして受け止めて、自分の無限の可能性を信じて生きていってほしい。いまはつらくて不安かもしれないけれど、君自身は、いまの君とは違う、もっと深く美しいものに変化する可能性を持っている。

生きて旅をしていけば、今日ここで感じている不安が、力を変えて、君が生きる力に変わっていく。死の誘惑を自分のものにできれば、これ以上に強い力はない。誰にも負けない。なんて言ったって、一度死ぬことを覚悟したんだ。その後は、誰が何を言ってきても怖くない。そうしてこの誘惑を自分の力に変える。自分の感受性から生まれた死の誘惑を、自分の生きていく力に変える。それが、九月一日のチャンスなんだ。

体をいじめるのではなく、体からエネルギーをもらう

ここまでの話は非常に観念的だけれど、後半部分はうって変わって、ではどうしたらいいかという実践的な話をしてみる。

以前書いた『君自身の哲学へ』(大和書房)で僕は「存在」について書いた。そこでは生きている意味を見失った人たちに、どうしたらいいかを次のように述べている。

重要なことは、日常の、さまざまな目的論にしばられたシステムの拘束、さらには自分自身のこころとからだの無意識の硬直、固着化というものをいったん解

除して、そこに純粋な質あるいは動きのようなモーメント、そして世界をプレイし、ダンスするような仕掛けをつくり出すこと。

死なないためにできる具体的なことがいくつかある。

ひとつには、生きるエネルギーをどこかから引っ張ってくることだ。このとき、目的があってはならない。自分たちを拘束しているもっとも強力なものこそ「目的」だからだ。人間というのはほかの動物と違って、目的を設定してその目的に向かって一生懸命になる。しかも、それがもっともいいことだとされている。オリンピックもパラリンピックも目標を設定する。学校も、目標を設定してそれに向かっていくのがもっともいいとされる場所だ。成績を残すと褒美がもらえる。親に褒められる。そういう仕組みだ。いやだねえ。

みんな目的や目標によってがんじがらめになっている。これらから自分を解放し、リラックスすることが大事だ。

理由なく花を選び、理由なくオムレツを作ろう

まず僕がすすめたいのは、花屋に行って自分の好きな花を買うことだ。

このとき、理由がなく好きで、理由がなく買いたい花を選ぶのが大切だ。そして、買ってきた一輪の花を眺めて「好きだな」「綺麗だな」「美しいな」と思う。そこには目的がない。「なぜか私はこれが好きだ」と思うのはとても大事なことだ。何かが好きだったら人は死なない。

何でもいい。雲を見て綺麗だなと思ってもいいし、好きなものを食べるのでもいい。たとえば、理由もなくプレーンオムレツを作る。家の冷蔵庫へ行って卵を二つ持ってきて、割って、非常に丁寧に作る。それを食べる。それができれば絶対に死なない。そこに目的をつけては駄目だ。理由を一切つけない。ただ、上手に丁寧にプレーンオムレツを作る。それだけが、ただ唯一の人生の目的かのように全力で作る。そしてそれを自分で食べる。

もちろん、おでんでもラーメンでもいい。何でもいい。そういった、世界と関わるということのもっとも原始的な形を、自分に遊びとして与えてあげる。それによって、君がいま失いつつあるとても大事なものが取り戻せる。

「そんなの嘘だ」も含めて、素直にすべて書いてしまう

もうひとつおすすめなのが、文章を書くことだ。

ノートの切れ端に、絶対人に見せないつもりで、何でもいいから思ったこと、頭から出てきたことをすべて書く。誰にも見せないのだから、人の悪口であっても構わない。それをすべて頭の中から出して、書き出してしまう。

本当に何でもいい。「小林とかいうやつが変なことを言っていたけれど、そんなの嘘っぱちだ」であっても構わない。「明日、学校に行きたくない」でも構わない。出てきたものを素直にすべて書いてしまう。書き終わったら丸めて捨ててもいいし、何十年も取っておいてもいい。ただ、誰にも見せない。秘密にする。隠しておく、あるいは捨ててしまう。

目的や目標によってがんじがらめになっている自分を解放する

体に意味のない動き、遊び、ダンスを与え返すことも重要だ。

小さな子どもというのは必要がなくても外で走り回っている。別に目的もなく、ただ、世界にいるから駆けている。でもいまの君たちの中には無意味に駆ける人はいないだろう。落ち込んで不安になっていやな気持ちになって歩いていると思う。人は不安になると、それだけで体が硬直してくる。目の前のことだけしか考えられなくなって、体がだんだん下に向いてきて、呼吸が浅くなる。

子どものように駆けている人は絶対に自殺しない。だから、体をいじめるのではなくて、体からエネルギーをもらうということを考えてほしい。少し試してみよう。

この本を開いたまま、肩をあげながら息を吸ってみてほしい。次に、深く息を吐きながら、肩を下ろす。もう一回。息を吸いながら肩をあげる。できる限り多くの息を吐きながら肩を下ろす。こうするだけで胸のあたりが少し楽になったり、肩が軽くなったりする。自分の中で固まっていた不安がほんの一％ほどは消えたかもしれない。もしそうならば、これをもし一〇〇回やったら一〇〇％消えるかもしれない。

体を動かす。無意味な行為をする。とても大切なことだ。

同じようなテクニックをもう一つ。これはアレクサンダー・ローエンの『からだのスピリチュアリティ』（春秋社）という本で紹介されているものだ。僕はこの本が好きで、昔から愛読している。この中では、お腹に集中して呼吸を整える方法などさまざまなテクニックが書かれているのだが、ここではそのひとつを紹介したい。

両足を平行に、約四五センチ離して立ち、前屈《かが》みになって、両手の指先を床に触れますが、この時膝は必要なだけ曲げてください。体重は手やかかとにではなく、足の親指の付け根のふくらみにかかるようにします。指先を床につけたまま、ゆっくりと膝を伸ばしますが、ピーンと張りつめないでください。この姿勢で二五回ほど息をしますが、息は楽に深くしてください。足に震えを感じるかもしれませんが、これは興奮の波が流れ始めたことを物語っています。

これはいわば大地から足を通してエネルギーをもらう方法だ。不安に苛《さいな》まれている人は、エネルギーがすべて頭の辺りに来てしまっていて、足がスカスカになっている。そして体が前かがみに縮こまっている。そういうときに使うテクニックだ。

心が病んでいるときに、心でそれを克服するのは難しい。もっと体を信じよう

心が病んで、不安に駆られたときに、それを心で克服しようとしても難しい。そのときは体をそれ以上いじめないで、逆に体からエネルギーをもらうのがいい。

体はいろんな可能性を持っている。体を殺してしまえば、自分のすべてが終わるなんていうのは嘘だ。君の体ほど大事なものはない。体にエネルギーを取り戻してもらって、そのエネルギーを君が生きるための力へと使わなくてはならない。

鼻から息を深く吸い込むだけでも全然変わってくる。背筋をまっすぐに伸ばすだけで、学校でもいじめられなくなるかもしれない。背が曲がっていたらいじめるやつも調子に乗るけれど、お腹に力を入れて背を伸ばして、相手の目を見て「ふざけんな、お前」と言えば、誰もいじめてこなくなる。言ってやればいい。

それほどに体のエネルギーは重要だ。君を今まで生かしてきている体なんだから、もっと体を信じて、体に感謝して、背筋をまっすぐにして呼吸を深くして、体をなるべく柔らかくして、そして体のエネルギーを使って自分の心を整えていく。それが大事だ。

心で体をいじめてはいけない。そのいじめの最たるものが、心が体を殺してしまうことだ。むしろ体からエネルギーをもらわなくちゃ。

散歩して雲を見上げたり、空や夕陽を眺めたり、それも背筋をまっすぐにして歩いて、下を見ないで遠くを見る。それだけで違ってくる。未来の時間が、あの遠い向こうの雲のかなたにあるんだと思えるようになる。

明日学校で過ごす時間ではなくて、学校の校舎の上に浮かぶ白い雲の時間が、自分の時間だと思えばいい。

「ひとは夢み　旅して　いつか空を飛ぶ」

最後に歌を歌ってみよう。僕は音痴で歌を歌えないのだけれど、この本を読んでいる人にはぜひ声に出して歌ってほしい。

紹介したいのは「明日ハ晴レカナ、曇リカナ」という曲で、歌っているのは石川セリさん。作曲したのは僕がとっても好きだった現代作曲家の武満徹さん。彼が亡くなってから二五年以上経つが、武満さんは世界に誇る日本の作曲家だった。非常にシンプルな誰でも歌える曲だ。これが歌えれば大丈夫だ。ぜひ、歌ってみてほしい。

明日ハ晴レカナ、曇リカナ／武満徹

昨日ノ悲シミ／今日ノ涙
明日ハ晴レカナ／曇リカナ
昨日ノ苦シミ／今日ノ悩ミ
明日ハ晴レカナ／曇リカナ

ありがとう。僕はこれを歌っていると必ず泣いてしまう。詞と曲の両方を武満徹さんが書いた曲はほかにもある。なかでも「小さな空」という曲も好きだ。やはり悲しみの曲だ。でも悲しみがあるからこそ、いつも雲を見よう、という歌なんだ。

もう一曲、「翼」という曲を紹介して、僕の話はおしまいにしたいと思う。人間というのは、風と雲、そして光を見ていれば、長い人生を旅していけるのだと思う。

翼／武満徹

風よ　雲よ　陽光《ひかり》よ
夢をはこぶ翼
遥かなる空に描く
「希望」という字を
ひとは夢み　旅して
いつか空を飛ぶ

風よ　雲よ　陽光《ひかり》よ
夢をはこぶ翼
遥かなる空に描く
「自由」という字を

君の体にはいろんな可能性がある。心が行き詰まったら、体をいじめないで体に聞いてほしい。体は頭を使わないので、馬鹿なことは考えない。体を解き放って自由に体を使って踊るのが一番いいんだ。

君の体は美しい。この体をずっと大事にして、そして武満さんが書いていたように、旅をして、いつか空を飛ぶ。それが本当の自由だ。自分の体を駄目にすることは自由ではない。間違えないでください。

飛んでほしい。待っているから。またね。

メッセージコラム

自愛について

吉《よし》岡《おか》 洋《ひろし》（美学者）

直接親しい間柄でなかったといえ、自分より二〇歳以上も若い知人がおそらくは自死したという報せは、命に応える。しばらくの間そのことを考えると世界から意味がボロボロと剥落し、あらゆる事物が空洞に感じられる。いわば自死の感情が伝染してくるのである。

少し前の教授会でも学生の自殺がとりあげられた。自殺を防止するにはどうすればいいかという問題である。もちろん大学だけの話ではない。日本全体では一九九八年以来、年間自殺者数はずっと三万人を超えたままである。巨大な自然災害の犠牲者よりも多い数の人々が、毎年みずから命を絶っているのである。

だがそうした数字が問題なのではない。数字は自殺を現象として外から眺めた時にだけ意味を持つ。その数字を減らすことが目標だとすれば、そのために立てうる対策は限られている。自殺者の数はその時の社会や経済の状態に大きく影響されているからである。自殺者を減らすには社会が変わるしかない。

ぼくがこれまで聞いた中でいちばん説得力を感じた自殺防止対策は「肝臓を強くすること」である。雑誌『Diatxt.』の編集長をしていた時、断食療法などの指導をしている医師の甲田光雄先生から聞いた言葉だ。自殺者増加の根底には食生活の変化等による肝臓疾患がある。うつ病と言われて来る患者も「うつ病やない、肝臓が弱っとんのや!」と彼は言う（『Diatxt.』8号［特集：スローネス］甲田光雄「食べないことを味わう」）。

まるで坂口安吾の小説『肝臓先生』（今村昌平監督の映画『カンゾー先生』にもなった）みたいだが、ぼくはこれが自殺に関しては、ヘタな人生論や社会分析よりもよほど説得力があると思う。なぜなら内臓の健康状態（必ずしも医学的な意味での健康状態だけではないと思うが）とは、生きることを支える基本的感情の土台だからである。そして、人が自殺に追い込まれるのは理屈によってではなく、感情によってだからだ。

自殺しそうな人、自殺をほのめかすような人に向かって「生きていればまた楽しいことがあるから」などと元気づけてもダメである。それどころか多くの場合逆効果である。なぜなら「楽しいことがあるから生きろ」というのはたんなる理屈であり、死を考える人は、それによってこの世をますます縁遠いものと感じてしまうからだ。

だからそのような場面でなしうる唯一のことは、自殺へ導くものとは反対の、より強い感情を伝染させることである。つまり、楽しいことなんかなくても生きる、「ただ生きる」ことを可能にする感情である。それを仮に「自愛」の感情と呼んでみよう。手紙の定型文で「時節柄ご自愛ください」などと書く。自分を大切にするということである。

自愛は自己愛（ナルシシズム）とは異なる。自己愛においては自己は対象であり、しかも愛する理由は美醜などの社会的規準に支配されている。また自愛は、自己中心主義（エゴイズム）ともまったく違う。エゴイズムにおいては自己は徹底的に目的化されており、世界のすべては自己利益を追求するための手段となっている。

それに対して自愛というのは、手段ー目的という連鎖の外にあるものであり、社会における相対的な価値とは無関係に自分を大切にし、幸福と言える客観的な理由がなくても、自己の存在に幸福を感じることである。よく「能力はなくても人生に自信を持て」とか「お金がなくても幸せに生きられる」とか言われるが、そういう言い方では全然ダメだと思う。「なくても」なんて言い方には「あるに越したことはないけど」というホンネが隠れているからだ。そういう貧乏くさい説教ではなくて、能力やお金の有無とは本当に、完全に、徹底的に無関係な自愛の感情を伝染させることが、重要なのである。

何も幸福になる理由がないのに幸福だなんて、まるでバカみたいじゃないか、と思う人もいるかもしれない。その通りでいいと思う。ぼくたちは膨大な情報に囲まれて賢くなりすぎているからだ。もう少しバカみたいなところがあった方がいい。

ぼくは芸術学の先生なので、芸術の制作や研究を志す学生たちと過ごす時間が多い。芸術に関わっても、お金にも（たいていは）ならないし、国家の利益や社会の発展に寄与するわけでもないし、だからあんまり尊敬もされない。なぜそんなものに関わるのかという質問に、若い頃は（自分を賢く見せるために）シニカルな理屈をこね回していたが、今は年とってほどよくバカになったので、端的に「幸福になるため」と答えている。

「幸福になるため」ではピンと来ない学生には「死なないため」と答える。『死なないために』という著作もある美術家の荒川修作が二〇一〇年に七三歳で亡くなったのは、ちょうど大阪の国立国際美術館で「死なないための葬送」という彼の作品展が開かれている最中だった。「死なない」ための唯一の方法、それは死を先取りすることである。世間的な価値を逃れ、自愛の感情を獲得するというのは、いわば「予《あらかじ》め死んでおく」ということでもあるのだ。言ってみれば芸術学の教師としてのぼくの仕事は、死なないために予め一緒に死んでくれる優れた若者たちを増やすことである。

一方、「現代の社会や国家にとって芸術が何の役に立つのか？」などと聞いてくる頭の悪い大人たちに対しては「絶対的に役に立つ」と断言している。ビジネスやテクノロジーは

吉岡 洋（美学者）

国家社会に寄与するかもしれないが、それらは相対的な優劣や価値に支配されているので「死なない」ためには役に立たない。どんなに成功してもどんなに便利な世の中になっても、自愛の感情から見放されたら人は自殺するからである。そして人間にとって「死なない」ことが最も重要なのは自明だから、芸術はそのために絶対的に役に立つのだ。

だから芸術学者として「ビジネスやテクノロジーも大切だが、それだけでは世の中味気ないから、芸術も大事にしてください」なんて卑屈なことは口が裂けても言わない。

芸術こそが大切なのであり、ある意味では人間はそのために生きているのである。今の時代にこんなことをノウハウと言えるほどバカに（幸福に）なれたのは、やっぱりこんな年まで生きてきたからでもある。だから自分より二〇歳以上も若い知人の自死は、どんなに考えても悔しくてならないのだ。

（二〇一二年ブログ記事を一部修正して掲載）

一九五六年生まれ。京都大学文学部哲学科（美学専攻）、同大学院修了。甲南大学教授、情報科学芸術大学院大学、京都大学文学科教授、同大学こころの未来研究センター教授を経て、京都芸術大学教授。著書に、『情報と生命』（新曜社）、『〈思想〉の現在形』（講談社）など多数。

失敗だらけでも
不登校でも
人生が「終わり」
ではない

石井しこう

（『不登校新聞』代表）

1982年、東京都生まれ。中学2年生から不登校となりフリースクールに通う。19歳から不登校の専門紙『不登校新聞』のスタッフとなり、2006年から編集長。20年からは、代表理事も務める。これまで不登校の子どもや若者、識者ら400人以上に取材。「あさイチ」「逆転人生」（NHK）、「news zero」（日本テレビ）、「報道特集」（TBS）などメディア出演も多数。

一つではなく、複数の理由が重なって学校に行かなくなる

石井 私は現在『不登校新聞』の代表をしています。不登校の専門紙として、当事者の声や不登校の保護者が生の体験を語り、それを新聞に残していくといった活動をしています。一九九七年九月一日にある中学生が焼身自殺をしたことをきっかけの一つにして生まれた新聞で、NPO法人が発行しています。

一〇代だった私は、新聞の理念に共感し、創刊当初の『不登校新聞』に参加しました。九月一日に自殺の件数が多いことは、不登校に関わる人たちには当時から知られていました。統計が明らかになったのは二〇一六年ですが、取材していく中で私自身も九月一日は多いと感じていました。

不登校をしている若者たちは、一人ひとり苦しんでいる理由は違うと思います。

代 そこに何か傾向はありますか?

石井 不登校の人が学校に行かなくなる入口は様々ですが、もっとも多いのはいじめです。統計でも、二人に一人はいじめが原因だとされています。あるいは先生と合わない、勉強が分からなくなっている、特性上、集団生活が苦手、親からの期待がつ

らいという子もいます。

なお、誤解されがちなのですが、単一の理由で行かなくなるという人はまずいません。ほとんどの人が複数の理由、平均して三・五ほどの理由が重なって、学校に行かなくなります。

学校に行きたくないと言われたら、SOSだと思って受け止めてほしい

代 私は一人の親として「嫌なら学校に行かなくていいよ」と感じるのですが、当事者の方たちは何らかの理由で「行かなくては駄目なのではないか」「行かないなら死ぬしかない」と思ってしまうのだと思います。

学校に行きたくないとき、親がそれを許してくれないことが多いと思います。学校に行くべきだという圧力を感じる子のほうが絶対に多い。

石井 まず周りの人には、学校に行きたくないという気持ちを本人が訴えたら、それは

命に関わるSOSだと思って必ず受け止めてほしいです。「そんなこと言ってどうするんだ」「もう一日だけ頑張ってみよう」と言うのではなく、きちんとそのSOSを受け止めて、休ませてほしい。

その上で、もし本人にお伝えすることがあるとすれば、学校に行かなくても、きちんと人生は続いていきます。私も不登校したとき「人生詰んだ」と思いました。でも、そんなことはありません。楽しいこともありますし、つらいこともある。平凡な人生が待っています。学校に行かなくなったからといって、奇天烈な人生を歩むわけでも、学校に行っていればキラキラなわけでもありません。大体はキラキラもしてなければ、漫画に出てくるようなどす黒い生活で苦しんでいるわけでもない。多くは普通の人生を送ります。だからぜひ、あなたはあなたで、自分の命を大切にしてほしいです。

代　石井さんたちが編集された『学校に行きたくない君へ』（ポプラ社）からもそうしたメッセージを強く感じました。この本ではいろんな方たちが「学校に行かなくとも大丈夫だよ」と伝えてくださっています。

石井　そうですね。たとえば続編に登場していただいた、「しょこたん」こと中川翔子さんは不登校したのちにタレントさんになっています。芸人やモデルになった方でも不登校をされた方は大勢います。学力という面でも、小学校を半分ぐらいしか通ってなくても、東大に入った人もいます。学校に行かないだけですべてが終わるということはありません。

不登校当事者がインタビューする「子ども若者編集部」

代　『不登校新聞』には、不登校当事者の方たちが企画・取材をする「子ども若者編集部」がありますね。

石井　はい。一〇代だった私もその創設期に入っていきました。たしか「取材という名目なら有名人にも会える」と編集者に言われて興味を持ったんです。もちろん簡単なことではありませんでしたが、実際、憧れていた人にも取材に行きました。そこで生きるヒントを得た気がします。そして、こういう体験っていいなと思いました。

「自分の人生は終わった」と思っていたら、次はそれがきっかけで憧れの人に出会えたのです。すごいことですよね。

代　取材に行くと生きていることを実感します。宝物をもらうような感覚です。そういう経験を今度は一〇代、二〇代の人にもしてもらいたいと感じ、連れていくようになりました。本人たちが企画して行くときもありますし、私が「一緒に行ってみないか」と声をかけて取材に行くこともあります。

石井　部員はいつ募集されているのでしょうか?

現在は「不登校ラボ」という取り組みで、当事者を通年で募集しています。実際に不登校していたほうがいいですが、不登校のような経験があれば誰でも入れます。ぜひ来てもらいたいです。

周りには絶望するような大人しかいなかったとしても

代　『学校に行きたくない君へ』には響く言葉がたくさんありました。茂木健一郎さんが、「苦しい思いをした人ほど情熱的に生きる傾向があります」とおっしゃっていて、きっとその苦しい思いが将来の糧になって、その人にしかできない行動を生み出すことになるんだろうと思いました。不登校当事者の方の質問やインタビュー内容からもそうしたエネルギーを感じています。

石井

ありがとうございます。実は、最初は、私が取材の準備をする時間が足りなかったので来てもらっただけだったんです。ただ、一度やってみたところ、インタビューに答える皆さんの熱が、私ひとりのときよりも強かったのです。不登校した人が「私、生きててもいいのかな」と聞くと、それに本気で答えてくれる。

取材のルールは、自分が本当に悩んでいることを質問するということです。別に紙面の構成なんて考えてもらわなくていいですし、他人のために役立つ質問をしなくてもいい。ただ、自分が悩んでいることを質問する。

たとえば、宮本亜門さんという演出家の方に取材にいったときに、「バイトで怒られるのがつらい」という話をしてくれた編集部のメンバーがいました。正直、取材とはまったく関係がありません。でも、本当に悩んでいるからこそ、宮本さんは一緒になって悩んでくれました。良い時間でした。

紙面にならなくてもいいので、こういう場面がたくさん生まれてほしいです。そ

代　のように、当事者であればこそ相手の本気を引き出すこともできます。かえすがえす、不登校したという経験は宝物だと実感しました。
『学校に行きたくない君へ』に含まれているインタビューでも、大人たちが本気で一緒になって考えているということが伝わってきます。自分の周りにいる人はそうでなくとも、世の中には実は一緒に悩んでくれる大人が存在するんだ、と実感できます。

石井　そうですよね。私も学校へ行っているときは、大人といえば先生のことでした。それで「あのような存在になるのであれば別に生きていなくてもいい」と絶望していました。しかし、よそへ目を向ければ素敵な人はたくさんいます。そして、それに向かっていく架け橋もあります。今はＳＮＳもあるので、アプローチしやすくなっていますよね。そういう事実を知ってもらえたら嬉しいです。

自分と同じ経験をした人たちと出会える場

代　子ども若者編集部に参加することで、学校や身の回りでは出会えないかもしれない、似た思いを抱えている同年代と出会うこともできますよね。

石井 そうですね、それも一つの特徴です。コロナ禍を経て、編集会議はオンラインでも開催しています。不登校している人が自分の学校で自分だけであっても、この場へ行くと何十人もいます。それも楽しみの一つかもしれません。

代 自分たちで企画したものを、実行できるのもいいですよね。『学校に行きたくない君へ』の中でも、男の子が、「好きなことを通じて友達と出会った経験」を不登校経験者に聞くというインタビューが収録されていて素敵でした。身の回りではいなくても、世の中を見渡せば、共感できたり友達になれたりする人はいます。そういうことを、この本を読んでしみじみと感じました。

石井 陽キャではない、クラスの陰キャがいっぱいいますから大丈夫ですよ。こんなにあぶれ者が多いのかと驚くと思います（笑）。『不登校新聞』には、子ども若者編集部の月一回のお知らせも入っていますので、それを読んでいただければ、参加しやすくなるかもしれません。

石井しこう(『不登校新聞』代表)

フリースクールで「そうか、自分だけではないんだ」と気づく

代　石井さんご自身が不登校されていたとお聞きしたのですが、その経験についてお聞きしてもよろしいですか。

石井　私が不登校したのは中学二年生のときです。その後は一切学校に行っていません。高校も大学も通っていないので、正式には中学卒業が最終学歴です。実際は中学を中退しているので、小卒と言ったほうがいいかもしれません。代わりに、フリースクールという不登校の子たちが集まる場所に通っていました。私の場合は、学校に行かなくなる直前にフリースクールの存在を知っていたので「学校に行かなくなったらここに行こう」と決めていました。事前に決められていたのはよかったです。

不登校したときは苦しかったですが、フリースクールに行ってから考えたいと思っていました。いざ行ってみたら、同い年ほどの人たちが多く、「そうか、自分だけではないんだ」と安心しました。「自分だけではない」という言葉は、字で書くと迫

力がありませんが、本人の感覚としては大きな安心でした。同じような経験をした人たちで、世間話をしたり、ときに取材のようにプロジェクトを一緒にやったりすることで、癒されていきました。

「学校に行きたくない」と親に打ち明けたとき

代　家族を説得する必要はありましたか？

石井　ありませんでした。自分でもびっくりしたのですが、「学校に行きたくない」と親に伝えたとき、号泣してしまいました。すでに中学二年生になっていたのですが、まさに号泣でした。その様子に驚いたのか、母親はフリースクールに行くと言ったときはすっと受け入れてくれました。

親は欲深いので「そのようなことより塾に行け」などと言ってしまうこともあります。ただ、一つ確かなのは、子どもが気持ちをまっすぐにきちんと伝えれば、何とかしようとしてくれるということです。少なくとも私の場合はそうでした。

代　私も自分が苦しかったとき、なかなか親に言えませんでした。言ったら悲しむかな、どうやって伝えようかと悩んで、ギリギリのところまで抱えこんでしまいました。たとえ親に酷いことを日常的に言われていても、大抵の人は「親は自分のことをどこかで好きだ」と感じています。だからこそ、悲しませたくないと考えてしまう。でも、親からしたら、言わないでいなくなってしまうよりは、言ってほしいですよね。

石井　本当にそうですね。

学校に通っているうちからフリースクールに見学にいく

代　石井さんの話を聞いて、学校に通っている間にフリースクールの存在を知るのは大事だと感じました。

石井　そう思います。時期にもよりますが、ほとんどのフリースクールは簡単に見学ができます。会費がかかるところが多いですが、見学だけは無料あるいは少額ということもあります。

行ってみたうえで「よかった、楽しいな」「安心するな」と思うかどうかが大切です。行ったうえで「つらい」「肌に合わない」と思うならば、行かないほうがいい。学校に通っているときでも、ちらっと見学してみるのがおすすめです。

大人になってからも、たくさん失敗する

代　『学校に行きたくない君へ』で「大人になってからも、たくさん失敗する」と石井さんが書かれていたのが素敵だと思いました。苦しい思いをしているときは、「自分なんて……」と、どうしても劣等感を抱いてしまいます。しかし、実際には大人になってからでも失敗はたくさんします。「それでも、大丈夫。それでもいい」と石井さんが言ってくれているように思いました。

石井　伝わりづらいかもしれませんが、今日も収録の時間を忘れていて、代さんからの電話を受けてようやく気がつきました。いただいていたメールがどこにいったかも分からなくなって、本当にバタバタしていました。日々、現在進行系で失敗しています（笑）。学生時代は、失敗が許されないような厳しさがどこかありますが、大人のほうがゆるいです。

代　私もそう思いますし、失敗だらけの毎日です（笑）。でも大丈夫ですよね。失敗しても人生は続いていくし、命は取られません。大人になったらもう少しゆるく生きられますよね。

不登校のまま生きていてもいい

石井　『不登校新聞』は、名前から「学校に行けるようになるための新聞」だと勘違いされることが多いですが、そういうことは一切していません。学校に行かない人、あるいは学校に行かない人の親が読んで「不登校のまま生きていてもいい」と思ってもらえるように、不登校中の生活をより良くするような、共感にあふれた新聞作りを目指しています。そして、学校で苦しんでいる人が安心できる社会をどうしたら作れるかを考えながら作っています。

著名人の方にも出ていただいています。不登校経験者が多いですが、不登校していない方にも、不登校当事者の取材を受けて答えていただいたりしています。完全にノーギャラです。

代

不登校していない中で取材を受けてくださった方には、辻村深月さんや坂上忍さんがいらっしゃいます。取材中、不登校している子が「坂上さんのような大人になりたい」と言ったのを聞いて、私も驚きましたが、坂上さん自身はもっと驚いていて「え、俺に？　俺はやめたほうがいいよ！」とおっしゃっていました（笑）。不登校経験者で言えば、中川翔子さんや俳優・モデルのゆうたろうさんなどに出ていただいています。

二〇二三年の今年は、「不登校動画選手権」を開催されたそうですね。『不登校新聞』の活動や『学校に行きたくない君へ』には、きっとヒントになる何かがあると思います。身の回りには同じような経験をした人や共感してくれる人はいないかもしれないけど、範囲を広げてみると実はいる、ひとりぼっちじゃないんだということを実感していただけたらなと思います。

メッセージコラム4

自殺したい気持を乗り越える

橋《はし》爪《づめ》大《だい》三《さぶ》郎《ろう》（社会学者、東京工業大学名誉教授）

自殺するのは、人間だけだ。

動物は自殺しない。動物の本能は、命を守るようにプログラムされている。人間もふだん、自分の命を守るように行動する。でもたまに、自分の命を危険にさらしても、大事なものを守ろうとする。

子どもがクマに襲われた。親は体当たりで、子どもを救おうとする。自分が危ないとか考えるヒマもない。

こういう行動がとれるのは、人間の誇りだ。

自分の命より大事なもの。大切な誰かの命や、人間として生きる意味（自分の尊厳や社会の正義や…）である。人間は、自分の命を犠牲にしても、それらを守ろうとする（ことがある)。

こういうことができる人間は、自殺もできる。自殺するには、エネルギーもいる。勇気もいる。自殺は、自分で自分を殺すことだからだ。そして、理由がいる。自分で納得しないと、自殺はできない。

自殺が合理的な場合があるか。

自分は独裁政権と戦っている。秘密警察に捕まった。拷問されて、仲間の居場所を白状させられそうだ。おおぜいの仲間が捕まる。白状させられたあとは自分も殺される。どうせ殺されるのなら、今晩、命を断って、仲間を守ろう…。

このケースでは、自殺を選ぶひともいると思う。

だがキリスト教では、自殺禁止である。自殺は絶対にいけない。

どうしてか。命は自分のものでないから。神のものだからだ。神が人間を造り、命を与えた。ジョン、きみは生きなさい。メアリー、きみは生きなさい。一人ひとりがそう命じられている。

自分の命を奪うのは、他人の命を奪うのと同じ。神に対する罪である。キリスト教は、命より大事なもの（神）がある、と考えるのだ。この考え方は、頭のすみに入れておくとよい。

橋爪大三郎（社会学者、東京工業大学名誉教授）

毎年九月一日、夏休みが終わって新学期が始まるころ、自殺が多くなるという。痛ましいことだ。

新学期に、また学校に戻る。それが死ぬほど苦痛な中高生がいる。いじめが背景にあるかもしれない。もっと違った理由があるかもしれない。

自殺はいけません。教師も親もそう言う。でもその声は、なかなか届かない。彼らの苦しさに寄り添った、解決の道筋をみつけられないか。

自殺を考えるのは、あんまり苦しいからだ。苦しさから自分を守るためだ。

学校での人間関係がうまく行かない、いじめが引き金になる、などのケースが多い。この年代は親と距離をおき、友人が大事になる時期。とは言え、まだ社会が狭く、学校がすべてと言ってもよい。クラスで居場所がなくなると、逃げ場がない。大人にも打ち明けにくい。

いじめのケースは、とりわけ深刻だ。いじめを受け、人格を否定される。いじめる側は軽い気持ちだ。いじめを受ける側は、世界が壊れるかと思う苦しみだ。

自分を支えられなくなる。

こういう苦しい状況をどうやって抜け出すか。自力では困難だ。希望がない。

けれど、自尊心がある。人間らしいあるべき自分への自尊心。そこで、思い切って命を断てば、抜け出せるかもと思ってしまう。みんな驚いて、自分のことを見直すだろうとも思う。この考えが、頭にこびりついてしまう。

こんな袋小路に入り込まないために、どうしたらいいか。

学校がすべてだと思わないことだ。

転校してもいい。家にいて自分で勉強してもいい。フリースクールに通うのでもいい。中学校はどんなに欠席しても、校長先生が卒業証書をくれることになっている。高校の場合は、高校に行かなくても、高等学校卒業程度認定試験（高認）を受けることができる。履歴書に高卒と書けるし、大学も受験できる。

「学校に行けない」「学校に行きたくない」と子どもが訴えたら、親は、「学校だけは行きなさい」とか言わないこと。親が「学校は大事」と思っていると、子どもは二倍苦しむ。子どもの様子がおかしいと気づいたら、学校より、子どもの人生を優先しなさい。

最後に、自殺が頭をかすめる若いひとに、ぜひ言いたい。

あなたはまともです。自尊心のないひとは、自殺を考えない。

でも、自殺しないのは、もっと勇気がいる。知恵もいる。自殺する勇気とエネルギーがあれば、自殺しなくていい。立派に生きていける。

もしあなたが、いじめを受けているなら、苦しくても、親に打ち明けよう。この文章のコピーをみせよう。親を味方につけよう。そして、学校に行かないですむ道を、いっしょに考えさせよう。

もしあなたが、体調が悪かったり、夜ねむれなかったり、食欲がなかったりしたら、医者に診てもらおう。内科がいい。相談に乗ってくれて、薬も出してくれるはずだ。

気持が落ち込んで苦しいときは、「いのちの電話」に電話しよう。つながらなくても、何回もかけよう。匿名で、相談に乗ってくれるはずだ。

あなたみたいに苦しんでいるひとは、とっても大勢いる。あなたは決してひとりぼっちじゃない。

橋爪大三郎（社会学者、東京工業大学名誉教授）

一九四八年神奈川県生まれ。東京大学大学院社会学研究科博士課程単位取得退学。大学院大学至善館教授。東京工業大学名誉教授。著書に『はじめての構造主義』（講談社現代新書）、『はじめての聖書』（河出文庫）、『ふしぎな社会』（ちくま文庫）、『権力』（岩波書店）など多数。

あなたの居場所は
きちんとあるから
生かされている

夏目誠

（精神科医・産業医）

1946年生まれ。奈良県立医科大学卒業。大阪府立こころの健康総合センター主幹兼こころの健康づくり部長、大阪樟蔭女子大学大学院教授などを経て、大阪樟蔭女子大学名誉教授。産業ストレス学会元理事長。産業医を45年経験し、「メンタルヘルスを根付かせ、発展させるか」について、現場の見地から復職支援や講演等を行っている。

休み明けに「リズム障害」にならないために

代　夏目先生は精神科医・産業医として長年、自殺念慮（自殺しようという意志）を持っている方に向き合ってきたのではないかと思いますが、大人の自殺と子ども・若者の自殺に違いはありますか？

夏目　大人の自殺の多くはうつ病が原因です。その場合は、薬を飲めばうつ病は良くなりますから、自殺も防ぐことができます。ところが、子どもの場合はいじめ、学校に行きたくないという気持ち、あるいはそれが転じた引きこもりなども背景にあります。大人の場合に比べてかなり複雑です。

代　心が休まっていた夏休みが終わり、学校に再度行かなければならないのが九月一日だということで、この日の自殺件数がもっとも多いのだと思います。このタイミングについてはどう思われますか。

夏目　まず、ゴールデンウィークや夏休み、冬休みといった、ある一定の期間、しがらみから解放されて家でのんびりできるという状態を終えて、ルール通りの世界へ戻らなければならないときに、切り替えがうまくいかないという側面がありますよね。

もう一つの側面として、朝起きる時間が変わるという要素もあります。人間というのは起きる時間が一定であればリズムに乗ることができます。ところが、毎朝一〇時に起きていた人が、急に七時半に起きられるかというと、そうではありません。そのままリズムが崩れてしまいます。これを「リズム障害」と言います。引きこもり、不登校の人の三分の一は「リズム障害」でもあります。

休みのときに昼まで寝ていると「リズム障害」になりやすくなってしまうのです。ですので、いつもと同じ時間に起きるのが、休み明けにうまく学校に行けるコツということになります。

頑張らなくてもいいし、頑張ってもいい

夏目　夏休み明けに突然学校にいけなくなった経験を持つ芸人の山田ルイ53世さん（髭男爵）は、子どもたちに「頑張らなくてもいいし、頑張ってもいい」（『産経新聞』二〇二一年八月二一日夕刊）とメッセージを送っています。

頑張ったほうがいい状況もあるし、性格によっては頑張らないほうがいい場合も

ある。一概に頑張ったほうがいいか頑張らないほうがいいかというのは決められません。そのときの状況、その人の性格を考えて、答えを出すべき問題ではないかと思います。

何かあったら電話をしてみるのも一つの手です。「子供のＳＯＳの相談窓口（〇一二〇－〇－七八三一〇）」のように二四時間対応している窓口もあります。ほかにも、18歳までの子どもがつながる「チャイルドライン（〇一二〇－九九－七七七七、午後四時～九時）」や、「いのちの電話（ナビダイヤル〇五七〇－七八三－五五六、午前一〇時～午後一〇時、フリーダイヤル〇一二〇－七八三－五五六、午後四時～九時、毎月一〇日は午前八時～翌午前八時）」などもあります。

つらいことや悲しいことは言葉にするのが難しい

夏目　「言ってくれればよかったのに」と言う人がよくいますよね。ところが、つらいことや悲しいこと、どうしていいか分からないということは、そもそも言葉にするのが難しいです。

たとえば「むかつく」という言葉があります。イライラした人は「むかつく」というところまでは言葉にできる。ところが「このようなことがあったからイライラする」「あのことがうまくいかないから、私はいま呼吸が乱れている」と、自分の状態を丁寧に言葉にするというのは実は難しい。特に子どもの場合は難しい。仮に言葉にできても、それを誰に伝えるかも難しい。親に話すのか、学校の先生に話すのか。

だから単に「相談してください」というだけでは意味がありません。むしろ、どういうような形で話してもらうか、どのような形で聞くかということを考えるのが大事です。

それから、しんどい人ほどプライドが高く、弱みを見せたくない傾向にあります。親に心配をかけたくない。プライドがずたずたになる、恥ずかしい。逆に言うと、いろいろ相談できる場合は、本人のプライドがそれほど高くない、あるいは防衛する姿勢がないからです。プライドが高く、話すのが恥ずかしいと感じたり、心配をかけたくないと考えたりしてしまうと、話しづらくなる。そして更にしんどくなってしまう。

代　そうした場合は、周囲の人が「なんか少し様子が違う」とか「元気なさそうだな」と気がつけたらいいのでしょうか。

夏目　キーワードは、「いつもと違う感じ」です。一時的なものであればいいのですが、三日ほど続く場合は、何かがあったと考えたほうがよいですね。そして、少し聞いてみようかなと動き始めるのがよいでしょう。

空気で支配される日本の教室

夏目　発達障害やその特性をもった人は集団から弾き出されることがあります。みんなが興味あることに必ずしも興味はない。みんなと少し違う。何か感覚がずれているとされるし、行動についても「動作がとろい」などととらえられてしまう。スポーツをしても今ひとつだと思われてしまう。そうして外されやすくなるのです。

発達障害の人の比率ですが、様々な調査があります。サクッと言えば全人口の五％ほどです。そして、日常生活の支障はさほどないが、コミュニケーションがうまくいかないとか、いわゆる多動的な動きがあるとか、片付けるのが苦手だといった、いわゆる「特性者」が一〇％程度います。

たとえばマイクロソフトの創業者であるビル・ゲイツは発達障害の「特性タイプ」でしょう。また、エジソンは発達障害でした。まったく片付けができなかった人です。だからこそエジソンには子どもの頃から家庭教師がついていたのです。世の中に多く貢献した人にも発達障害や「特性者」がかなりいるのです。

発達障害の人には、通常学級であってもサポートする教員がつくことがあります。その時点で、本人も周囲も発達障害について認識できるので、そこに対してのからかいは抑制されます。

ところが、「特性者」の場合は診断にいたらないことも多いので、本人がその「特性」に気づいていない場合もあります。ですので、「特性」の人の場合は教員やクラスメートに知られていないことが多いです。

「特性者」にとってどういう環境が理想的かは難しいですが、一つ言えることは、クラスの仲間の一員になること、一緒にいるということが大事です。外にいて、違う人として対応されるのは避けたほうがいい。コミュニケーションが得意ではないので、みんなと親密になる力も弱いわけです。会話していても、何か少しずれたような感じがするので、浮いてしまいがちになります。ですので、クラスの一員として扱われることがなにより重要です。

アメリカなどとは違って、日本では同調圧力がとても強く働きます。「同じようなひとこそが仲間だ」という一つの大きな規範があるので、少し違うだけでその人に対して「違っている」と圧力がかかります。

代　ほかの地域では、宗教の色が強く神が絶対で、神との関係が重要だとされる地域もあれば、個性的なことはむしろ長所と受け取られる地域もあると聞きました。ところが日本は何となくの「空気」でみんなが仲間意識を持つ。だから、少し変わっていることが攻撃の対象になってしまうということでした。それを踏まえると、やはり日本ならではの「目立ってはいけない」「出る杭は打たれる」「みんなと同じがよい」文化があるのかもしれません。

夏目　「空気」の文化ですね。発達障害やその特性を持った人には「空気が読めない」という一つの共通項があります。その人がただ自分の行動をしているだけでも、日本独特の同調性の空気の中では、空気が読めないと思われる。

日本は空気が支配する文化です。だから、空気が読めない人は責められてしまいます。発達障害やその「特性」を持った人は空気を読めない人が多いので、余計に、はじかれてしまいます。

「からかい」はいじめの始まり

夏目　学校で「特性者」はからかわれることが多いですが、少し、からかうことについて考えてみましょう。ここで、一人がからかう場合と四人が言う場合の違いを考えてほしいです。一人で行っているならば、確かに「ただの」からかいだという見方もあるかもしれません。ところが、三、四人が行ったらいじめです。

問題なのは、一緒になってやっている四人は「からかっているだけだ」と思うという点にあります。一人がからかって、相手がしんどそうになっていれば「言ってはいけないことを言った」というのが本人にも分かります。ところが、四人で同調してからかうときには仲間意識が働きます。そして、からかい始めると、もっと強い言葉でからかいます。これが集団の怖さです。

この場合は、からかっているつもりであっても、受けている本人からすればいじめです。一対一ではない。いろんなことを四人から一斉に言われるわけです。これはいじめです。ところが言うほうはいじめだと思っていない。このギャップが問題です。

こうした状況が絶えず続けば、学校に行きたくなくなります。学校に行きたくなくて外に出るのもつらければ、家に引きこもります。これが、学校でトイレに閉じ込められるといった、よりひどい状態になれば、本人は発作的に自殺してしまうこともあります。

この流れの最初にあるのが「からかい」です。だから私はからかうということ自体をやめなければならないと思います。

マスコミの記事を読んでいると、いじめた人の中には「自分たちはからかっていただけだ」と言っている人がいます。これは、根本的なところの認識に問題があります。からかうこと自体、特に集団でからかうことが「すでにいじめだ」という見地で対応しないと自殺、引きこもり、不登校は増える一方です。

からかわれた、いじめられた人のうち、二人に一人ほどは誰かに相談に行ったり、聞いてもらうことができます。ところが「特性者」はあまり友達ができません。だから友達に聞いてもらうのも難しいのです。言葉で伝えるのが下手だから、なかなか相談に行きづらい。相談したとしても、本人が言っている内容が、聞いている側に的確に伝わるかどうかは分からないのです。

親の「広く包み込む愛」が狭く薄くなってきている

夏目

視点を変えて、今、中高生の自殺が増えている原因を私なりに考えると、「広く包み込む愛」というものが薄くなってきている、というのが一つの要素ではないかと思われます。昭和の世代と現在ではこの厚さがだいぶ違ってきていると思うのです。

昭和の時代は、包み込む愛が広く、しかも厚かった。ところが二〇〇〇年代に入ってから世の中がばたばたとして、みんなが余裕をなくしてしまった。子どもも忙しくなったし、親も今まで以上に働かなければならなくなった。それが生活へも影響を与えて、結果的に親の「包み込む愛」の厚みがなくなった。だから子どもの不調に気づく力も衰えた。もちろん気づく場合もありますが、昔に比べると気づくことが難しくなっているでしょう。あるいは子どもをサポートする力も衰えてきてい

代　る。ですから以前よりは、引きこもり、自殺、不登校が起こりやすいようになってきた。学校だけが悪いとは言い切れません。
『不登校新聞』代表の石井しこうさんは、学校に行かなくなる子どもの多くは、三つほどの原因が重なってそうなってしまうとおっしゃっていました。からかわれている、いじめられているということに加えて、こういった要因が重なってしまっているのだと思います。

夏目　そうですね。先ほどの話のように、本人と親との結びつきが強いか弱いかという点が絡んできます。次に、本人の性格は「特性レベル」にも関係します。いじめが全てだとは私も思いません。

周りが気づいてあげることもできる 子どもに保護者が必要なわけを考えよう

代　本人や家族、学校だけでなく、近所の人が気づいて適切な支援先へと導くこともできますよね。夏休み明けがもっとも自殺者が多いのだと社会全体で意識して、自分の子ではなくても元気がない子には目を配ることも一つ効果があるかもしれません。意識しておくだけでも、声をかけられる範囲が広がります。近所で見かけていた子が元気なさそうに歩いていたら、「どう、最近?」と声をかけてあげたり、本人の代わりに親にアラートを出してあげることもできそうです。

夏目

会社であれば、カウンセラーや産業医、あるいは友達に相談するということができます。ところが、そういう相談をなかなかしづらい、「助けて」と声を上げるのが難しい人もいます。周りが気づいてあげない限りは難しいこともあります。学校であれば、クラスの誰かが気づいてあげることもありえますし、代さんがおっしゃるように地域の人が気づくということもあります。

悩んでいる方の対応ですが、一つずついろんな形で知識を増やしていかれればよいでしょう。ですので、ヒントを一つ拾うだけでもよいと思っています。人間は知らないと何もできません。話を聞いたり本を読んだりすれば、知識がひとつ増えます。「空気を容易に読める人とそうでない人がいて、読めない人にとっては空気の支配はつらいのだ」といったような知識でいいのです。あるいは「核心のことを喋りづらい背景には本人の側に、弱みを見せたくないという感覚があるのではないか」とかです。この文章を通じてそういったヒントを知っていただけたら嬉しいです。

代 先ほどの話で言うと、発達障害者は全体の五％ほどで、特性者は一〇％ほどということでしたが、その数字を知っただけでも、見方が大きく変わりました。結構身近な割合ですね。

夏目 両方合わせれば一五％ですよね。四〇人のクラスであれば六人いる計算です。これは非常に身近な問題です。子どもは、自分を守るという術をあまり持っていません。これが大人と子どもの違いです。だから保護者がいるわけです。自分を守る力が弱い。だからこそ周りが気づいて、対応するというのが大事です。

さりげない声かけから話を始めよう

代 未成年には「保護者」が必要ということの意味をあらためて考えさせられます。発達障害かどうかに限らず、子どもが「どこか元気がない」「いつもと少し違う」などと気づいた際はどのように対応するのがよいのでしょうか？

夏目

人の話を聞くときに使うことができる「TALKの原則」というのが、身近な人の自殺を防ぐキーワードとしてよく紹介されます。まずは「声を掛ける」(Tell)。今日はいい天気だね、などと言って会話を始める。次に「具体的な質問をする」(Ask)。学校はどうか、あるいはクラブ活動はどうか、Aさんとは最近どうか、といった質問を投げかけます。次に「耳を傾ける」(Listen)。親も教師もそうですが、本人が何か言ったときに、すぐに自分の意見を言ってしまうことが多いです。これでは会話は途絶えます。だから本人が喋っている間はじっくり聞いてほしいです。その上で何か気になることがあれば、「まわりにつなぐ」(Keep safe)。この「TALKの原則」がコミュニケーションの基本ではないかと思います。

大事なのは、さりげない声かけから始めることです。核心から始めてはだめです。高校野球が盛り上がっているとか、YouTubeのどのチャンネルが好きかとか、そういう話から入るほうがよいのです。

体を動かしながら、気楽に会話をしてみる

夏目　私が提案したいのは、日頃から話しやすい状況を作ることです。気楽に会話ができるように、親子で散歩をするのがおすすめです。ペットがいれば、なおさらいいです。

散歩のいいところは、話のきっかけが多いところです。桜が咲いている、さつきが綺麗だ、たんぽぽの季節だ、ひまわりが見事だ、とかです。景色が移り変わるのでいろんな話題が出てきやすいです。例で花を出しただけで、どんな話題でも大丈夫です。

お父さんが「ひまわりがきれいだね」と言ったら、子どもは「うん、きれいだね」という。あるいは「ひまわりもいいけど、すみれもきれい」という。お父さんが「そうだね」という。一五分ほど散歩したら汗を拭って、お茶を飲むのもいいでしょう。おいしいものを食べたらまたいっそう会話がはずみます。

あるいは一緒に運動をする。キャッチボールは広い場所がないとできませんが、ラジオ体操や筋トレであれば家の中でもできます。もちろん、踊るのが好きだった

ら、親子でブレイクダンスをしたっていいのです。そこで汗をかいて、「リズムに乗るのは難しいね」「上手いね」と言っているうちに会話が弾んでいきます。

一緒に体を動かしたら、気持ちもほぐれてきて、言葉が出やすくなるかもしれませんね。

代

夏目

体を動かすと開放的になりますね。心をオープンしやすくなります。汗をかくという快感もあります。

そして、そのあとはおやつを食べながら、さりげない会話をする。「運動はいいねえ。最近スポーツしている?」と母親が語りかけると、「サッカーでドリブルの練習をしている」と返ってきます。これも既に会話です。このように日頃から多少なりとも会話があれば、学校の事も少し分かります。何かしながらでもいいのです。テレビを観ながらでもいい。問いかければ、何かしら話してくれます。

沈黙したならば、問題の核心部分をついている　不安にならずに待ってみよう

夏目　話している間に、もし本人が黙り込んだ場合は、重要なポイントです。私はカウンセリングをしているので沈黙には慣れています。しかし、通常は本人が黙ってしまうと聞き手の側が「何か悪いことを言ったのではないか」と不安になってしまう。しかし、沈黙したということは、問題の核心部分をついているということです。だから言葉がすぐには出ないのです。

　五分間ほどは返事を待ってあげてもよいと思います。そこであまり喋らないとしても、「今日はここまでにしましょう。またお話ししよう」と打ち切ってももちろんいい。黙り込むというのは、何か問題の本質のようなところに触れたんだ、子どもが何かに悩んでいるんだということを示すサインです。

病気が「死にたい」と思わせる

夏目 うつ病の場合は、病気が「死にたい」と思わせるわけです。だから病気が良くなれば「死にたい」という気持ちはなくなります。病気がそう思わせる、そういう行動を取らせるという理解がまず大事です。逆に、良くなればきちんと消えます。ここがポイントですね。

人間にとってもっとも大切なのは、親と子や夫婦などのあいだにある、「心の結びつき」です。たとえば、中学生の子が「死にたい」と言ったときに「あなたが死んだら、私はもうどうしようもなくなるほど悲しい。あなたが勝手に死んでしまったら、お父さんもどうしようもなくなるし、弟もそうなんだ。そこだけは考えてほしい」と「心の絆」に訴えると、九割方は自殺を思いとどまるというのが臨床医としての実感です。

代 実際に臨床をされているからこそ分かることですよね。

夏目 私は自殺をしないという約束を必ずしてもらいます。約束した人は、九八%は自殺はしません。ここは精神科医の肝です。ここができるかどうかが最大のポイントです。

あなたを必要とする人がいるから、あなたは生かされている

夏目　よく「生きている」という言い方をしますが、少し傲慢です。「生かされている」という部分も大きいのです。あなたがいることで生じるよいことは必ずあります。あなたを必要とする人がいるから、あなたは生かされているのです。一人だけで生きているわけではありません。この世界にはあなたのことを必要だと思う人もいて、あなたの居場所もそこにあります。だから、あなたは「生きている」だけではなくて「生かされ」てもいます。そこを考えてみてください。

代　つらいときは「私なんかいなくても同じなのではないか」「私を必要とする人はいない」と思ってしまいますよね……。

夏目　本当は、追い込まれているからそう思っているだけなんですよね。少し見方を広げていくと、すぐには変わらずとも、次第に考えも変わってくるはずです。なので少しだけ聞いてほしい。あなたを必要とする人が必ずいます。そして、そこにあなたの居場所がきちんとあります。だからあなたは生かされているんです。そのこと

を頭の片隅にでも置いておいてほしいです。

抗うつ薬は飲み続けても大丈夫

代

寄せられているコメントから質問をさせていただきます。まず「抗うつ剤を服用し始めた患者さんのうち、完治する（薬をやめる、元気を取り戻すなど）割合は何割ほどでしょうか」という質問をいただいています。

夏目

実のところを言うと、うつ病というのはまだ原因が分かっていません。抗うつ剤は気分の落ちこんでいる状態や気力が出ない状態を改善することができますが、薬を飲まなくなると、またぶり返す可能性が高いです。つまり、抗うつ剤はうつ病を根本的に治す薬ではありません。ですので、精神科医の立場で言うと、うつ病の場合は、働いている間は飲んだほうがいいと思います。

高血圧や糖尿病と似たようなものだと考えてください。高血圧の人は一旦血圧を下げるお薬を飲んだら、ずっと飲み続けます。そうでないと、反動的にまた血圧が上がってしまうからです。高血圧も、原因はまだ分かっていません。ただ、血圧を下げるお薬があるだけです。

代　その薬を飲むことによって症状が抑えられたら、通常の社会生活が送れるということですね。

夏目　そうですね。高血圧や糖尿病は合わせて日本で三五〇〇万人ほどいます。薬を飲み続けながら働くというのはありふれた状態です。血圧を下げる薬、糖尿病の薬と同じように飲んでいればいいのです。

抗うつ剤を飲んでいると、まず仕事ができるレベルまで行くことができます。これは日常生活をできるレベルとは少し違います。薬を止めても日常生活を送ることはできるかもしれません。ただ、仕事をすれば生産性が求められるので精神的な負荷がかかります。この点を考えたときには、薬が大事です。

代　コロナ禍以後は、子どもの四人に一人がうつ状態になっていると読みました。子どもが飲める薬はあるのでしょうか。

夏目　子どもの場合は環境を調整したり、本人の気持ちを汲んであげることでかなり改善します。ですので、子どもの場合に薬を使うということに対しては意見が分かれています。

代　まずは環境のほうに働きかけてみるのですね。

夏目　そうですね。仮に薬を使う場合でも少量です。そして副作用が少ない薬を選びます。私は子どもの場合はいきなり薬を使うよりは、環境調整を先に試みたほうがいいと思っています。

忙しい核家族で暮らす現代の難しさ

代　ほかにも「中学生のとき一人の同級生に三年間いじめられましたが、親は気づいてくれませんでした。親自身も子どもの変化に気づかないことが多い気がします」とのコメントをいただいています。

夏目　「広く深い包み込む愛」に厚みがあった時代は、より簡単に気づくことができました。今は、家族に余裕がないので、当然、子どもに向ける関心が減りますよね。ですので、こうした事態は、昔よりも増えているのではないかと思っています。

代　何世代もが同居して、おばあちゃん、おじいちゃんの目もある中で子育てができた時代が終わり、今は核家族を単位として生活することが多くなりました。仕事、

夏目　子育て、家事のすべてを親世代だけで担うようになりましたね。

そうですね。実は大家族の農家の場合は精神障害による影響は少ない。発達障害の特性があったとしても、家族全員で農業をやることの利点を活かして、その子にはその子なりの役割があるわけです。ところが組織となると、ある一定のことができない人は弾かれます。

たしかに大家族制には息苦しいところがあったり、女性が生きづらいという側面がありました。一方で、おじいちゃん、おばあちゃんがいれば、相談する相手がその分増えます。あるいは親が見逃したところを発見してくれるということも起こり得ます。

あるいは縁側で話しているときに近所の人が気付くこともあったわけです。そういう意味で地域全体でガードできていました。もちろん、他人の目が気になったり、周囲からの干渉が煩わしかったりしました。それと比べると今の時代は自分で好きなことができるようになった代わりに、保護する機能が極めて落ちたと思います。

代　私自身も子育てをして初めて、親自身もいっぱいいっぱいなのだと実感しました。

夏目　かつては、地域社会の影響が弱い都市部では専業主婦が多かったのです。専業主婦ならば子育てに専念できます。もちろん、男性が家事をしない、妻に対してきつい態度をとるといったマイナス点もありましたが、安定した生活の中で、時間の余裕があったからこそ地域の活動や子育てに時間が割けたというのも事実です。今はみなが働いています。働いていると、家庭よりも仕事のことを優先しなければなりません。ここが問題です。

家庭のことも仕事のこともしなければならないから、親もキャパシティオーバーになってしまいますよね。

代

夏目

本来は家庭のほうが大事なはずです。しかし、働いているとつい組織のほうに目がいってしまいます。すると本来五分五分であるべきところが、仕事が六で子どもが四くらいに傾きます。そういう時代です。

両親がともに働いている場合は役割分担が大事です。家事は半々にする。子育てでは「保育所などへの迎え、入浴、勉強や遊びの相手」など様々な役割があります。うまく分担してください。

子どもが発信する〝ＳＯＳサイン〟への気づきが大事です。「いつもと違う感じ」と「それが持続しているかどうか（産業医の河野慶三先生提唱）」の把握が大事です。

例えば、いつもに比べて最近は、「笑いが減っている、遊んでと言ってこない、すぐ部屋に入り出てこないな、イライラしている、ムカツクを何回も言う、話をしなくなっている」などです。

朝出かけるとき、就寝前に、夫婦で「〝SOSサイン〟」、軽いサインでも構いませんが、あったかどうかを検討してください。ダブルチェックになりますから、気づきには役立ちます。気づけば、しばらく二人で様子を見てください。続くようなら前述の「TALKの原則」で、声をかけ聞いてくださいね。

よく言われますが、「親の愛情度」は時間ではありません。「濃さ」です。〝SOSサイン〟を察知するために「愛の濃度」を高め活用してほしいです。

感受性が豊かだからこそ必要とされることがある

ほかにもコメントで「心から死にたいと思ったことはありませんが、死にたい気分が襲ってきたり、高いところにいると吸い込まれそうな引力を感じることがあります。そういうときは「脳の幸せ物質が足りていないんだ」と思って薬を飲んで嵐

夏目　が去るのを待ちます。先ほど先生がおっしゃった「病気がそう思わせている」状態に近いのかなと思い、ほっとしています」と来ています。

二〇代以下の半数近くが「自殺を考えた」との日本財団の調査があります。ただ、「自殺を考える」のと「実行する」のとの間にはものすごい距離がありますよね。ほとんどの人はそう考えるのは人生で一度か二度です。月に三度もあるといった場合は、専門医受診を勧めて薬を使うのも一つの手です。そういう気持ちを取り除いてくれますから。

代　「死にたいと思うこと自体は、珍しいことでも悪いことでもない」と考えるだけでも少し気が軽くなりますね。

夏目　そうですね。死にたいと思う人は自分の弱さを知っているから、他人に対しても優しくできます。そういう良さもあります。

代　そうですね。そういった感受性は必ずしも悪いことではないと思います。

夏目　感受性が豊かな人ほどそう思います。人には過敏な人と鈍感な人、その中間の3タイプがあるのです。敏感あるいはセンシティブな人は、感受性が豊かだから、自分でいろいろ考える。感受性が豊かだから、小説やエッセイが書けるし、人に対しても優しくできる。だからいわゆる文化系の人は少し生きづらくなるのではないかと思います。

渡辺淳一博士の『鈍感力』（集英社文庫）がベストセラーになった二〇〇七年は鈍感のほうが有利でした。ところが、高齢化社会においては感受性豊かな方のほうが役割もあるのではないでしょうか。たとえば定年退職後に自分史やエッセイを書く。ウェブで文章を投稿する。敏感な人のほうが、内面が豊かな分、そういうことができます。

代 先ほど、「あなたの居場所はきちんとあるから生かされている」とおっしゃっていましたが、敏感で感受性が豊かだからこそ、求められる場所もあるということですね。

夏目 そうです。自分の心情を文章として吐露したとすれば、それを読んだ人が涙するかもしれません。ならば必要とされているわけです。自分が見ている世界がすべてではありません。

人に話すと、木しか見えなかったのが森が見えるようになる

代　特に学生時代は自分の触れることのできる世界が狭いように思います。家族や学校くらいでしか大人に接することもできません。

夏目　そうですね。それに、発達途上です。完成していないのです。だから不安定さもあるし、周りがサポートする必要があります。そういう意味で子どもと大人は少し違います。

代　周りの人が誰も理解してくれないことで絶望することもあるかと思います。ですが、その世界がすべてではありません。カウンセリングに行って、話してみたら世界が広がるということもあります。自分の今の世界以外にも、居場所がありうるという事実をもっと知ってほしいです。

夏目　話を聞いてもらうと、視野が少し広がりますよね。木しか見えなかった人が少しずつ森が見えるようになる。これはカウンセラーを始めとした様々な人と話すこと

で得られるいいところです。

私は来てくれた人のよいところを探そうとします。誰にだってかならずよいところはあるのです。自信をなくしているわけですから、よいところを探して、本人に指摘してあげる。そうするとだんだんと笑顔が増えます。私にもこのようなところ、あったんだなと嬉しくなるのです。

悩むときは、狭い世界の中で悩みます。その狭い世界から「少し、一歩外に出よう」と伝えたいです。

人間は行動しない限りは変わりません。だから、相談に行く、あるいはおばあちゃんやおじいちゃんのところへぶらっと遊びに行ってみる。これは行動です。あるいは自転車に乗って、少し遠出してみる。そうすると、いい景色に出会うかもしれない。学校に行っているときは殺伐とした景色に囲まれていても、山に行ったら川のせせらぎや小鳥の声が美しく聞こえてくる。汗をかいた肌をなでる風が気持ち良い。そういう変化が生まれます。

ダウンした期間の分だけ休んでいい

代　私がこの企画を始めたのは、私自身が学生時代に自殺願望があったからです。また、大学生のときには心身の不調をきたし、学校にもしばらく行けず、食欲も湧かず、一ヶ月ほど眠ることができませんでした。少し意識が落ちることがあっても眠れはせずに、すぐ起きてしまっていたんです。ぼーっとした頭で「死にたい」以外の思いが浮かばなくなり、最終的には精神科に行きました。

そのときに精神科医の先生から、「眠れない時期が一ヶ月間あったなら、一ヶ月間丸々ただ寝てていいんだよ」と言ってもらえて、とても安心したんです。寝れなくて苦しくて活動ができない期間があったならば、同じ期間だけ休んでいいんだと初めて気づきました。それで、学校に行かずに薬を飲んで、家で一ヶ月強を過ごしました。寝るということだけをひたすらにしていたら、体も心も徐々に回復していきました。

病院に行かなければ解決法が分かりませんでしたが、行ったことで自分とは違う視点をもらえました。こうした経験が企画の背景にあります。

夏目　そういう時期を持つということはいいことです。どうにもならない時期、悩む時期を乗り越えるからこそ人間は成長できます。あなたもそれで大きく成長したわけ

代　です。大事な時期だったことと思います。
本当にそうですね。その瞬間はそう思えませんでしたが、後から振り返ると、この経験があったから人の心の痛みや、努力だけでなんとかなるものでもない、といったことが肌感覚として分かるようになったと思います。

病があるから成長する、「成長の病」

夏目　病気をすると損をすると考える方が多いです。ただ、実際はそうではありません。「成長の病」（ウァルデマール・キッペス博士が提唱）という言葉があります。病があるから成長するということです。病で苦しんで、そして悩むから、人間性の面で成長がある。
あるいは前進のための病とも言えるかもしれません。前に進もうと思ったときに初めて、悩みが出てくる。悩みに悩んで、それを通り抜けると、憑き物が落ちたような形で前へと進んでいける。それは、悩む時期があったから進むことができると考えるべきです。

代

本当にそう思います。そのときは一九歳だったので「もう人生おしまいだ」と思っていましたが、病院の先生が「これは君くらいの年齢のときに、よく起こることで、特別なことではない」と教えてくれました。そうか、ずっと続くものではなく一過性のものなのかと思えたことで安心しました。

夏目

精神科医がうつ病や統合失調症と診断した場合は別として、「死にたい」という気持ちはみな一時的なものです。悩みや苦痛は誰にでもあります。どこかで不条理だと思うことにもぶつかります。ただ、それを「成長の病」にすることもできるし、そこから前進もできるのです。

メッセージコラム4

自助グループのすゝめ

横《よこ》道《みち》 誠《まこと》（京都府立大学准教授、自助グループ主宰）

私は自閉スペクトラム症（ＡＳＤ）を診断されています。イギリスで自殺者を調べたところ、自閉スペクトラム症を診断されていた人は全体の一〇・八％、診断されていなくても自閉スペクトラム症の特性を感じさせる人を含めると四一・四％にのぼったという調査があります。これは驚くべき数値です。というのは、イギリスでは自閉スペクトラム症者は全人口の一・一％とされているからです。人口比で言えば自閉スペクトラム症者は一〇〇人にひとりくらいなのに、自殺者全体の四割は自閉スペクトラム症の特性をもった人というわけです。

発達障害のうちでは、ＡＤＨＤ（注意欠如多動症）を診断されている人も深刻な自殺予備軍です。二〇二二年一〇月二日の夜八時台、ＳＮＳのツイッターに「ここで僕の旅は終わり。もう苦しみたく無いし悩みたくも無い。最後に日本一周出来て幸せだった、楽しかった。さようなら。」と書き残して自殺した若者がいました。写真が二枚合わせて投稿されていて、片方は飛び降り自殺をした場所を夜に写した暗い写真、片方はＡＤＨＤの診断書でした。自閉スペクトラム症に合わせてＡＤＨＤも診断されている私は、どれだけ心を痛めたことでしょうか。発達障害者とは、みんなサバイバー（過酷な状況を生きのびてきた人）なのです。

自閉スペクトラム症およびＡＤＨＤという発達障害（精神医学での正式名称は「神経発達症」といいます）に合わせて、私には複雑性ＰＴＳＤの症状も出ています。二〇二二年の安倍晋三銃撃事件によって社会問題になった「宗教二世」として、私はときどきマスメディアに露出しています。宗教二世の問題とは、意に沿わぬ信仰生活を強制されたことで「宗教的被害」を受けた二世信者（三世信者、四世信者、五世信者なども含む）のことを指しています。最近の欧米では、このような「宗教被害」に由来する心の病気が「宗教的トラウマ症候群」として論じられるようになっていますが、それはおおむね複雑性ＰＴＳＤが宗教被害に絡んで発症したものと言えます。複雑性ＰＴＳＤとは、フラッシュバック（過酷な体験の侵入的想起）などによって特徴づけられるＰＴＳＤ（心的外傷後ストレス症）が、長期的な囚われの状態によって複雑化した精神疾患です。

横道 誠（京都府立大学准教授、自助グループ主宰）

私は宗教二世として、小学生時代、宗教的教義にもとづいた肉体的暴力を親から日常的に受けていて、それで自殺したくて仕方なかったんです。発達障害があるから、学校では頻繁にいじめに遭って孤独に苦しんでいましたが、不登校は選べない。親からの暴力のほうが深刻だったからです。何度、団地の自宅があった五階のベランダから飛びおり自殺をしようかと思ったでしょうか。五階から落ちても、即死できないかもしれないという不安が、私の自殺未遂を食いとめました。

私に同じくらい希死念慮が高まったのは、発達障害と複雑性ＰＴＳＤに由来する鬱状態によって、四〇歳で休職をしたときでした。このときも住んでいるマンションのベランダから飛びおり自殺をしようかと毎晩のように思っていました。子どもの頃と同じく五階に住んでいて、即死できない可能性が私の衝動を抑えました。なんとなくじぶんのマンションをインターネットで検索してみると、私が入居するまえに飛びおり自殺があって、それをきっかけとしてマンションの名前を変更したという情報が出てきました。自殺者第二号にならなくてよかったな、といまでは思っています。

私はいま、同じような悩みを抱えている同士が集まって語りあう自助グループをたくさん主宰していて、これが私の自殺予防の決定打になっています。この文章を読んでくれた人が高校生以上なら、ぜひツイッターで私の名前「横道誠」を検索して、プロフィールに貼ってあるリンク先から自助グループ用の別アカウントを探して、各種の会合に参加してみてほしいと思います。「希死念慮をなんとかするための会」という自助グループも不定期に開催しています。

小学生や中学生なら、信用できると判断したおとなに相談して、私の会合を見学してみてほしいです。そうやって見学したあとは、その信頼できるおとなに監督してもらいながら、みなさん自身で私がやっているような自助グループを開けるようになると最高だと思います。仲間と出会って、「回復のコミュニティ」につながることができれば、自殺への衝動はだいぶやわらげられることがわかるでしょう。

【参考文献】

共同通信「小中高の自殺、最多の512人」、Reuters、二〇二三年三月一日（https://jp.reuters.com/article/idJP2023030101001410）

横道誠（編）『みんなの宗教2世問題』、晶文社、二〇二三年

Cassidy, Sarah, "Autism and Autistic Traits in those Who Died by Suicide in England," *The British Journal of Psychiatry* 221 (5), 2022, pp. 683-691.

一九七九年、大阪市生まれ。京都大学大学院人間・環境学研究科指導認定退学。博士（文学）。専門は文学・当事者研究。四〇歳で自閉スペクトラム症と注意欠如多動症を診断されて以来、発達障害の当事者仲間との交流や自助グループの運営に力を入れる。著書に『みんな水の中』（医学書院）など多数。

生物は在《あ》りて
在《あ》らんとするもの。
陸で生きている
だけでものすごい

本川達雄
（生物学者）

1948年、仙台生まれ。東京大学理学部生物学科（動物学）卒業。東京大学助手、琉球大学助教授、東京工業大学大学院生命理工学研究科教授を歴任、東京工業大学名誉教授。理学博士。専攻、動物生理学。著書『ゾウの時間 ネズミの時間』（中公新書）、『歌う生物学 必修編』（CCCメディアハウス）、『ナマコガイドブック』（共著、CCCメディアハウス）、『生物学的文明論』（新潮新書）など多数。

「ずっと生き続けたい」と思うのが生きていることの基本

生きていることは美しく素晴らしいことだ

九月一日に学校に行きたくないな、もう死んじゃおうかな、といった気に少しでもなっている人に対して「君の脳みそはそう考えるかもしれないけれど、体は少し違うよ」「あなたの体はものすごいんだよ」という、生物学の視点から自分自身を見つめてもらえるような、お話をしようと思います。

チャップリンに『ライムライト』という映画があります。その中で、足が麻痺して自殺しようかと考えているバレリーナに対して、道化師のチャップリンが「生きていくことは美しく素晴らしいことだ。たとえクラゲであってもね」と声をかけます。生物学者としては「クラゲであってもね」というとクラゲに失礼だと思ってしまいますが、でも、本当のことです。生きているというのは、美しく素晴らしいことです。

また、このような話もあります。現在のガボンにあたる西アフリカの地域で活動し、「密林の聖者」とよばれたアルベルト・シュヴァイツァーという伝導師かつ医者がいました。あるとき、カバの群れの中で手漕ぎの船に乗っていた彼は「われは生きんとする生命に取り囲まれた、生きんとする生命だ」と思ったというのです。

ジャングルの中にいる多種多様な生物たちはみな、生きんとしている生命です。そういうものに取り囲まれているさなか、私自身も生きんとする生命だ、生きているとはそういうことだ、と彼は感じたといいます。

また、聖書には「神は在《あ》りて在《あ》るもの」だとあります。つまり存在し続けるものが神だと書いてあります。一方の生物というものは、神様に近づきたいものだとされます。これはプラトンやアリストテレスなどはみな同じように考えています。在りて在るものは神で、在りて在らんとするものが生物だ、ずっと在り続けたいなと思うものが生物なんだと言うのです。先に言ってしまうと、「ずっと生き続けたい」ことこそが生きていることの基本だ、というのが今日の結論です。

陸で生きる脊椎《せきつい》動物は、生きているだけですごい

でも、「ずっと生き続けたい」なんて思えないからこそ、あなたはこの本を手に取っているかもしれませんね。「自分が何もできない惨《みじ》めな存在だ」と感じてしまったときには、これを思い出してください。

あなたはすごいのです。

なぜなら、あなたは陸の脊椎動物だからです。脊椎動物には、海や川に住む魚類と、魚から進化して陸に上がった四肢類と呼ばれる四本足の動物とが含まれます。四肢類にはカエルなどの両生類、トカゲなどの爬虫類、鳥類とわれわれ哺乳類が含まれます。

海の中の魚が陸に上がってきたというのは、とてつもなくすごいことです。なんといっても、身体の周りに水がありません。これは大問題なのです。

少しさかのぼって説明しましょう。生物は約三八億年前に水の中で誕生しました。化学反応が盛んに起きているのが生物というものですが、水溶液の中では化学反応が起きやすいのです。そして三三億年ほどのあいだ、すべての生命は水の中だけで暮らしてきました。

そう考えると、上陸した約四億五〇〇〇万年前というのはごく最近です。上陸するには、

水の問題を始め、様々な問題を解決しなければなりません。極めて限られた仲間だけが上陸に成功しました。

水中よりも陸上に住むほうが難しい

まず植物が陸上に上がってきました。そしてそれを餌として昆虫が上がってきました。その昆虫を餌にして、私たちのような四肢動物が上がってきたという順番です。陸で大きな顔をしているのは、これらだけです。植物と昆虫と四肢動物しかいません。

陸の上での暮らしというのは水の中に比べるとものすごく大変です。水中はとても住みやすい。水の確保はもちろん必要ないし、姿勢維持や移動も陸に比べれば簡単で、食物も豊富にあり、窒素代謝物も処理しやすい。水中は生殖や子孫の分散にも向いていますし、温度が安定していて、紫外線が弱い。陸のほうが楽な点をひとつだけあげておくと、酸素を入手することです。むしろそれくらいなのです。そう考えると、陸で私たちが生きていられるだけでも、ものすごいことです。

水が漏れ出ないために体を覆う

私たちの祖先が上陸するにあたって、どういう難問を解決してきたのかを少しだけ見てみましょう。まず一番目にあげるべき問題点は乾燥です。

私たちの体というのは水の入った器のようなものです。私たちの体はおおよそ六〇％が水ですから、体重六〇キロとすると三六キロが水です。そして、水というのは放っておけば蒸発してすぐになくなってしまいます。だから体の表面を水を通しにくいもので覆う必要がありました。

昆虫はクチクラという膜で覆われています。たとえばゴキブリの茶色い部分がそうです。ほかにも、両生類は粘膜、爬虫類はうろこで覆われていますよね。鳥は羽毛、哺乳類は毛です。ところが、人間の場合は少し特殊で、毛を失っています。皮膚で覆われていますが、皮膚というのは一ヶ月ごとに新調しないと防水や防御の機能が落ちてしまいます。だからボロボロと垢として落とすのです。新調するのに手間とエネルギーがすごくかかります。

覆っていても逃げてしまう水と熱

工夫して体の表面を皮膚で覆っていても、体からは水が逃げていきます。もっとも逃げるのは肺の表面です。寒いときに息を吐くと、出ていった水が白く見えますよね。ほかにも、汗をかいたり尿をだしたりと、どんどんと水は逃げていきます。ですから、たくさんの水を飲む必要があります。「飲まず食わず」という慣用句がありますが、食べるほうは二、三ヶ月はしなくても大丈夫だそうですが、水のほうは一週間でも飲まなければアウトです。体内の水の約一割を失うと私たちは死んでしまいます。

干からびる心配は、とくに体の小さいもので深刻です。小さいと体積のわりに表面積が大きいので、表面から水が逃げていきやすい。これは球を考えてみれば分かりやすいのですが、半径の大きいものほど、表面積は相対的に小さくなることが分かります。

体積というのは言うなれば水がめの大きさで、表面積というのは逃げていく水の量ですから、半径が小さければ、水瓶が小さいのに水はどんどんと逃げていきます。すぐに干からびてしまいますよね。表面から逃げていくのは熱も同じです。ティーカップの紅茶と風呂のお湯を比較すれば、紅茶のほうが早く冷めてしまいます。

だから小さいものが陸に上がるというのはとても大変なのです。

外気から守られて生まれてくる私たち

私たちは卵子や精子、あるいは胎児の時期にはものすごく小さいので、干からびる心配がとても大きい。この問題が未解決である両生類、つまりカエルやイモリの仲間は、おたまじゃくしのころは水の中で過ごし、ある程度の大きさに育ってからようやく陸に上がってきます。

しかし、私たちは水の中には住んでいません。私たちの、もっとも小さい状態は、精子です。精子なんて、空中にぽっと出ていってしまえばあっという間に干からびてしまいます。だからこそ、干からびないように精子をメスの体内に直接送り込みます。これが交尾という作業です。こうして精子が外気に触れるのを防いでいます。

そして母親の体内で受精したあと、子宮の羊膜に入っている羊水の中で胚として育っていきます。考えてみると、交尾というのは、相手を見つけて同意を取ったうえでしかできません。これはとても面倒です。そしてその後はお腹の中で大きく育てなければなりません。子を大きくなるまで体内で育てるので、とても重たくなります。妊娠というのも本当に大変なことなのです。

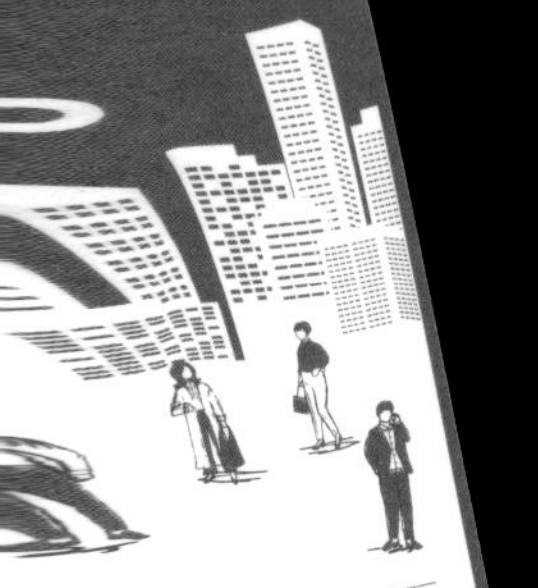

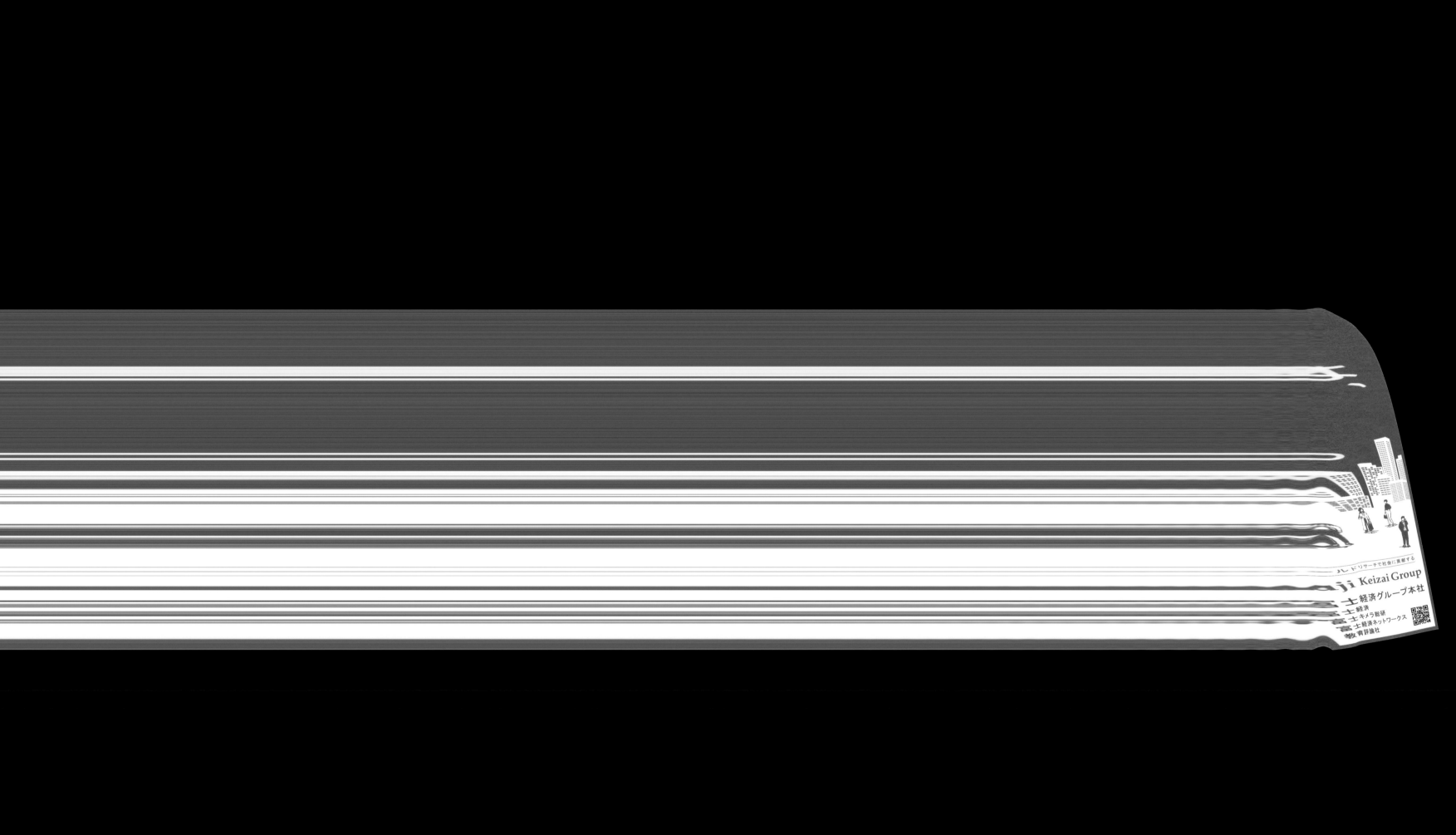

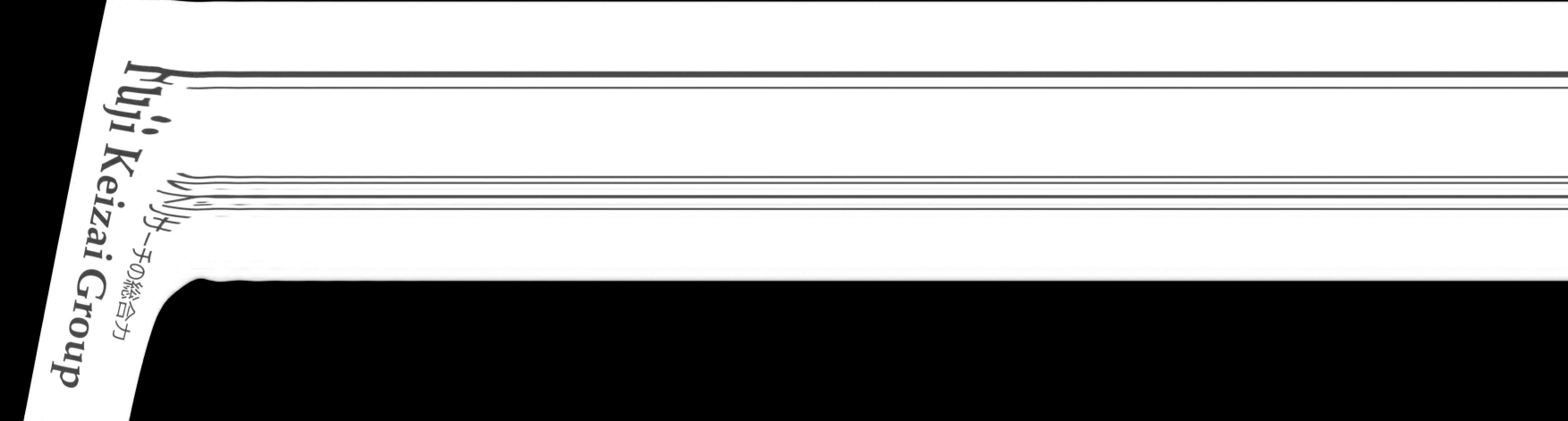

陸で子どもを作るのがこのように面倒だからこそ、パートナーや親子の間には無償の愛が備わっているんだろうと思われます。愛という高尚なものも元はと言えば、陸上生活への適応と捉えられます。

愛というものを、好き嫌いという感情の問題にはしないほうがいい。愛情問題で悩んでいる人は感情にとらわれないで考えたほうがいいのではないでしょうか。どんな親のもとに育った人であっても、誰かしら感謝する相手はいるはずです。誰かが生んでくれて、自分の口で物を噛んで食べられるまで誰かが育ててくれた。そういう歴史の上に私たちはみな生きています。

陸上を移動できるだけで十分。急ぐべからず

陸上のさらなる問題は、姿勢の維持です。陸では地球の重力で潰されないように体の形や姿勢を保たなければなりません。水の中では浮力が働きますから重力がほとんど打ち消されます。だから立派な骨など必要ありません。同じ脊椎動物といっても、魚の骨には食べられるものが多いですが、私たちの骨なんてかじったら歯が折れてしまいます。全然違

うのです。なにせ水中は月面のようなもので、足で少し蹴ったりヒレを少し動かしたりしたら、さあっと動いていけます。流れに乗ってしまえば何もしなくても移動ができます。

陸では重力がまともにかかってくるので、もし体を持ち上げないで移動しようと思ったら、体が地面とずりずりと擦れ合ってしまい、ものすごくエネルギーがかかります。だから大抵は体を持ち上げて、やおら足を踏み出すのです。持ち上げるだけでも大変ですが、その重い荷を担いで歩く。ですから、歩いたり走ったりするのは泳ぐのに比べて一〇倍近くのエネルギーを使います。私たちがこうやって歩いているだけでもすごいと思わなければなりません。

徳川家康も「人の一生は重荷を負うて遠き道を行くがごとし。急ぐべからず」と言葉を残していますが、まさに重き荷をせおって遠き道を行くことが運命づけられているのが、陸上にすむ私たちです。それがすでにできるのだから、急ぐべからず。今、結論を出す必要はありません。

九月一日に学校に行きたくなかったら行かなくてもいいのです。

陸の食べ物は消化が難しい

せっかく歩き回って餌を見つけても、陸の食べ物は消化が大変です。それは腸の長さを比べてみると分かります。肉食の魚、たとえばカマスは腸の長さが体長と同じです。カエルは体長の二倍あります。植物を消化するのはもっと大変なので、雑食や草食の生き物はもっと腸が長い。人間は体長の四・五倍、ウシの場合は二五倍で、実に六〇メートルもあります。

それだけ長い腸で時間をかけて消化しないと、陸のものが食べられないのです。特に手ごわいのは植物細胞です。細胞一つ一つが細胞壁で包まれています。ちょうど弁当箱に入ったようなものです。セルロースでできた丈夫な繊維でできたこの箱をどんどんつみ上げて体を作っています。実は、セルロースを消化する酵素を私たち動物は持っていません。ですから細胞の一つずつを砕かないと中身を食べることができません。ところが、歯で噛んだだけでは細胞を一つずつ壊せないので、噛んで割れ目を入れたところにじわじわと消化酵素を入れて消化します。だから草食動物には強力な顎と歯、大きな胃と長い腸があるのです。

陸の生活は大変です。乾燥してしまう危険がある、歩くのが難しい、食べ物を消化するのが大変だ。まだまだいろいろあります。こういったことを大変とも感じずに私たちは毎

地上の暮らしは大変だ／本川達雄

大変だ　大変だ　大変だ　大変だ
地上の暮らしは大変なのだ
丈夫な骨や　細胞壁が
なければ　姿勢が　たもてない
楽ではないんだ　地上の暮らし

大変だ　大変だ　大変だ　大変だ
餌を食べるのも大変なのだ
硬いクチクラや　細胞壁を
砕いてはじめて　中身が食える
手間ひまかかるぞ　地上の暮らし

大変だ　大変だ　大変だ　大変だ
水場は遠いぞ　大変だ
からだの6・7・8割　水なのだから
表面覆って　節水しなきゃ
粘液　クチクラ　羽毛にうろこ

大変だ　大変だ　大変だ　大変だ
歩いて行くのも　大変なのだ
水の中ならば　浮力の支え
流れも　後押し　してくれる
そのようなことは　期待できぬ
地上の暮らし

三種類の魂と、そこから分かる「生きる目的」

生をまっとうして「ご臨終です」と告げられた瞬間を考えると、実は生きている体と死んでいる体は、形はさして変わっていません。構成している材料も変わっていません。違いは、エネルギーを使って動いているかどうかです。

古代ギリシアでは生物と無生物の違いは心（魂）を持つかどうかだとされました。そして、古代ギリシアの大哲学者で大生物学者だったアリストテレスは、心・魂の働きが生物の機能だと言います。生きているということは機能しているということ。機能しているということはある目的のために仕事をしているということです。生きていると目的がある。死ぬと機能がなくなる。目的がなくなってしまう。

では、生きる目的は何でしょう。

アリストテレスは、魂を三種類に大別します。一つが栄養を摂取して成長し、生殖する魂です。これは、植物、動物、人間、すべてに備わっています。ですので植物的な魂と呼ばれます。次に、動物的な魂というものは、感覚を持っていて、運動して、欲求をします。これは動物にも人間にも備わっています。最後に、人間だけが考える魂というものを持っています。こういった三段階の魂を想定したとき、生物すべてに共通するのは栄養を摂取して生殖する魂です。栄養摂取はその個体が生き残ること、生殖というのはその家系がずっと続いていくことのために行われます。ですから生物の永続に関係するものが栄養摂取と生殖する魂・心です。

ここから、アリストテレスは生物の目的はずっとあり続けることだと言います。だからこそ、生きていることは生きていないことよりも善いこととなります。目的に適っているわけですから。

生命は富士山よりも長く存在してきた

我々は約三八億年前に誕生した生物の直系の子孫です。生物は、ずっと絶えずに三八億年も続いてきたのです。生物以外にこれほど長く続いているものはほとんどありません。富士山だって、たった数十万年前だと言われています。私たちが目にしているものの中でもっとも長く続いているのは、地球、そしてその次が生物なのです。

三八億年の間に、生命すべてが絶滅してもおかしくないような天変地異が何度も起きました。地球全体が凍り付いたり巨大隕石がぶつかってきたり。それでいながら私たちは生き延びてきたのです。ですが個々の生命体、生物の個体というのは吹けば飛ぶような、葦のようなものです。個体は死にます。それなのに、生物というものが三八億年続いてきたんだから、ひとまず、生物はずっと続くようにできていると考えてもいいでしょう。

ずっと続いていく生き物をどう作るか

ここで少し逆に考えてみましょう。ずっと続いていくようにするには、一体どのような作り方をすればいいのか。建物を例にとって考えてみましょう。

もっとも簡単な案として、絶対壊れない建物をたてるというのがあります。しかし、これは不可能です。熱力学の第二法則というのがあって、秩序だったものは必ず無秩序になっていくのです。これをエントロピーの増大と言います。ですので、絶対壊れない建物というのは原理上、作れません。

必ず壊れるならば、壊れてきたら直せばよいですよね。この例として法隆寺があげられます。一三〇〇年も直し続けて、世界遺産になりました。ただし、少し文句を言えば、使いにくいです。新しい部分と古い部分が混ざっているので、手荒に扱うと古い部分がすぐに壊れてしまいます。新築と同じようには使えません。改築するたびに機能が劣化してきます。生物の場合には機能が劣化すると困ってしまいます。少しでも衰えると捕食者や病原菌に食べられてしまいますから。

ですから、機能の劣化が起きないかたちで、建物を永続させなければなりません。ではどうするか。伊勢神宮がいい例です。伊勢神宮は二〇年ごとにまったく同じ形の建物に建て替えられます。そうすると、機能が劣化せずに続いていきます。実は、生物は伊勢神宮方式です。建て替えることが、子どもを作ることに対応します。ですから、私は子どものことも〈私〉だとみなすことにしています。〈私〉を定期的に更新していくと、〈私〉はずっと続いていきます。ですから、親は〈私〉、今の私は〈私〉、私の子どもも〈私〉。そうして〈私〉が続いていく。

コピーを作らずに多様な子どもを残すことで〈私〉は続いていく

反対する意見も聞こえてきそうです。親と子はそっくり同じではない、と。まさにそのとおりです。でも似ています。なぜ多くの生物というのは自分とまったくそっくりの子ども、つまりコピーそのものを作らないのか。実はコピーを作って増えていく生物もいます。でも、コピーでしか増えないのは単細胞生物だけです。しかも、かなりの数がコピーを作り続けるだけにならないように何かしらの工夫をしています。みんな、自分そっくりの子を作らないのです。なぜかというと、環境が変化するからです。

今の私は今の環境に適応して生きています。しかし、環境が変わってしまったら生きていけないかもしれません。そこでメスとオスで有性生殖をする。遺伝子を掛け合わせることで、少しだけ自分と違う子を、いくつか作る。そうすれば環境が変わってもどれかは生きていけるだろうという算段です。

環境というのは、そんなにすぐには変わらないので、まったく違う子を作っても上手くいきません。一方で、環境はどう変わるか分からない。だから少しずつ違う子どもをいくつか作ります。そうすると生き延びる可能性が増えます。〈私〉自身に多様性を持たせる。多様な子どもが生まれることで〈私〉は続いていく。この辺についてもアリストテレスがきちんと言っています。「（生殖することは）できる限り永遠なものと神聖なものにあずかるために、自分自身に類似したものを生み出すことだ」（『魂について』）

今の私は、〈私〉の連鎖の一つでしかない

永遠なもの、神聖なものというのはつまり、神のことです。先ほども言ったように神は「在りて在るもの」で、つまり死なないでずっと続くものです。そういうものに近づきたいのが生物だ、とアリストテレスは考えます。でも、個体は不死にはなれません。熱力学の第二法則があるからです。そして、同じもののコピーを作っても環境の変化に対応できません。だから、自身に類似したもの、似てはいても少しだけ違うコピーというものを作り続ける。そうすれば神に近づける。

ですから父母という〈私〉がいて、今の〈私〉がいて、子どもという〈私〉がいて、孫

という〈私〉がいる。個体を超えて渡されていくのが〈私〉です。そう考えれば〈私〉はずっと生き続けられます。

ですから、今の私は〈私〉の連鎖の一つでしかありません。前から続いてきた〈私〉と、これから続くであろう〈私〉を思うと、その連鎖を断ち切る権限が今の私にないように思われます。

生物の目的はずっと生き続けていくことです。「頑張って長生きして一二〇歳まで生きよう」などというけち臭い話ではありません。生物は神様に近づこうとする、「在りて在らんとする」ものだと言っていいでしょう。そうしなくなってしまったら、生物ではありません。それが死です。

絶対矛盾的自己同一の生命。個別の生と、個体を超えた生

実は古代ギリシアには生物を表す言葉が二つありました。一つが「ビオス」です。これ

はたとえばバイオテクノロジーという言葉の語源になっていて、生物の個体のことを指します。個体には個性があり、それぞれの境目がはっきりしています。生まれるとき、死ぬとき、という境目もはっきりしています。空間的にも時間的にも、境目がはっきりしているものがビオスです。

もう一つの言葉は「ゾーエー」といいます。これは、動物園を意味する英単語のズーの語源になっています。このゾーエーは性質として、「個体を超えて続いていき死なない」「個体の中では個別的生命活動の源泉となっている」のです。これを今の言葉で言えば遺伝子です。遺伝子は、世代を超えてずっと続いていきます。死にません。そして個々の個体の中ではその遺伝子をもとにタンパク質が合成され、生命活動の源泉となっています。古代ギリシア人は遺伝子というようなものの存在をきちんと分かっていて、名前まで付けていたのです。

しかも、ビオスとゾーエーの関係もきちんととらえています。ケレーニイという人は、生命を真珠のネックレスにたとえています。ビオスが真珠の玉で、それらを貫いてゾーエーの糸が通っているのです。ネックレスの全体が〈私〉です。真珠ひとつが〈私〉なのではありません。ゾーエーで貫いた全部の球が〈私〉なのです。これはとても真っ当な生命観だと私は思っています。

日本の哲学者だった、西田幾多郎も同じポイントを違う言葉で述べています。生物個体は必ず死ぬけれど、遺伝子は続いていき、死にません。つまり、私たちの体の中には死ぬものと死なないものが一緒になっています。これらは絶対的に矛盾するものです。それが自分のところで同居している。自己同一している。これを西田は絶対矛盾的自己同一と呼びます。これこそが生命だというのです。

親に嫌われる子どもほど、出来のいい子どもだ

子どもに多様性を持たせれば〈私〉はずっと続きます。多様というのは、自分が好きなものだけではなく、自分が理解できない、嫌いな、うざいと感じるものが存在することを言います。「うざい」を広辞苑で引いておくと、煩わしい、鬱陶しい、気持ちが悪いとあります。子どもというのは多様なのだから、自分の子に対してもうざい、嫌いだと感じる親もいるでしょう。自分とまったく同じでないと愛せないと思ってしまう親もいます。言うことを聞かないことにいらついて、ネグレクトするような事態も起こりえます。でもそれは、

〈私〉に多様性を持たせなければ、生き続けられないという生物の基本があるからこそうざいのです。うざいと思ったらいい子どもが生まれた証だと胸を張ればいいのです。

自分と相性の悪い子どもでも、それは自分と違っているからで、それは〈私〉がずっと続く上でよいことだと考えてくれる親がいるといいのですがね。そういう子こそ大事にするのが筋なのですが、それができないほど違っている場合もあってもいいんです。〈私〉が続く上では悪くありません。極端な言い方ではありますが、親の支援や理解が得られないという状況も、それは見方を変えれば、嫌われるほど出来のいい子どもだと考えることもできます。

〈私〉がずっと続くには有性生殖が必要です。ですので、遺伝子を混ぜ合わせられるほど、ほんの少しだけ違う仲間が周囲にいる必要があります。ものすごく似ているけれど多様な仲間がいる必要があるのです。多様なので、うざい、理解できない、嫌いだと感じる仲間が多く存在します。多くの仲間にうざいと感じられているならば、それだけ君は違っているのです。そしてこの多様性を増す上ではより好ましい。そう積極的にとらえればいいのです。

ですから、いじめられるのは自分の長所だと思って胸を張ればよろしい。

一言付け加えれば、多様な〈私〉としての子どもを作るためには、趣味が似ていて理解しあえる相手が出てくるまで待つというのはやめて、少しくらい相性が悪い相手でもつきあったほうがよい、という話もあります。好きな相手を見つけなければならないという焦りや、好きになってくれる相手が見つかるか分からないといった不安から思い悩む必要は全くありません。ちなみに、まったく恋愛をしたことのない人間がこういうことを言っております。だから女房に嫌われるんです。（笑）

ゾウの時間、ネズミの時間

時間って何だろう。時間が時々刻々と進んでいるのをもっとも体感できるのは心臓の拍動でしょう。これは動物によって時間が違っています。ハツカネズミは一拍が〇・一秒、ネコは〇・三秒、ヒトは一秒、クジラは九秒です。体の大きい動物ほどゆっくりです。体重が増えれば増えるほど、一拍の時間が長くなります。心臓の拍動だけではなく、息を吸って吐いている時間も長くなります。この関係を両対数グラフであらわすと直線になります。つまり、時間は体重の四分の一乗に比例するという関係にあります。たとえば体重が一〇倍になると拍動の時間が約二倍長くなる。

時間というのは時計で計るもので万物共通だと私たちは考えているけれども、動物が関わってくると、どうも動物ごとに違う時間がある、時間に個性があるということになってきます。心臓や肺の動きのリズム、食べ物を食べてからそれが出てくるまでの時間、あるいは妊娠してから赤ちゃんが生まれてくるまでの時間も様々です。人間は十月十日《とつきとおか》で生まれてくるのですが、ハツカネズミは二〇日で生まれてきます。ゾウは六〇〇日もお腹の中に入っています。大きいものほど長いのです。

成長にかかる時間も、大きな生き物ほど長い。寿命も大きな生き物ほど長い。ですから小さい動物の時間は速くて、大きい動物の時間はゆっくりなのです。私はこれを「ゾウの時間、ネズミの時間」と呼んでいます。

一生のあいだに使うエネルギーの量は ゾウもネズミも同じ

これはサイズの生物学という、体のサイズが違うと何がどう変わるのかを研究する学問分野の話です。実はサイズの生物学の関係式に、体重の四分の一乗が出てくるものがもう一つあります。それは、体重当たりのエネルギー消費量です。エネルギー消費量は体重の四分の一乗に反比例して減ります。ですから体重当たりで考えると、ハツカネズミのほうがゾウよりも多くエネルギーを消費します。体重当たりのエネルギー消費量というのは、細胞一個がどれほどエネルギーを使うかの目安になる量です。

体重が増えると、時間は長くなります。エネルギー消費は体重が増えると減っていきます。ともに体重の四分の一乗に比例し、反比例していますから、時間とエネルギーはちょうど反比例の関係になります。具体的には、心臓が一拍するあいだに、二ジュールのエネルギーを使っています。これはネズミも私たちも同じです。そして、一生の寿命の間に三〇億ジュールのエネルギーを使います。

一年しか生きないネズミも、七〇年近く生きるゾウも、一生に使うエネルギー量は同じなのです。エネルギーというのは仕事の量です。ですから一生の間にする仕事量は同じなのです。だから、エネルギー使用量で考えると、時計で計ったネズミの一時間というのは非常に濃密な時間なのです。逆にゾウの一時間のほうはあまりエネルギーを使わないスカスカの時間です。

だから、時間には質の違いがあるとも言えます。エネルギーを使えば使うほど時間が濃密になっていく。ですから時間というのも速くしたり濃くしたりできる。それが生物の時間なのです。

エネルギー消費量というのは、個体ごとに多様性があります。人間の場合は人ごとに少しずつ違います。たとえば、朝起きてもなかなか体温が上がらない人もいますし、すぐに上がる人もいます。だから、時間の速さも違うのです。時間が遅い人も速い人もいて、時間には個性があるのです。

ネズミにはネズミの時間、ヒトにはヒトの時間、ゾウにはゾウの時間があります。動物たちはそれぞれ独自の時間の中で生きています。私たち一人ひとりも独自の時間で生きていけばいいのです。

時間の個性を無視して、速いのが偉いとされる現代社会

ところが、現代では何でもかんでも速いほうがいいとされます。締め切りに間に合わない人は無能だというレッテルを貼られてしまいます。夏休みの宿題もそうです。実際には、

早く終わる人もいれば、少しゆっくりな人もいる。

時間の進み方というのは共通で、時間には質の違いはないという前提を社会は持っていますが、実はそうではありません。なんでもゆっくりやる人なのであれば、それでやれるように工夫すればいいだけの話です。他人からとやかく言われる筋合いのものではありません。それなのに、何でもスケジュール通りに進んでいかないと世の中は許してくれません。だから、締め切りに間に合わなくても「私は無能で駄目だ」と落ち込む必要は全くありません。社会の側がおかしいのです。

「頭の回転が速いのが良いこと」は最近言われ始めた

今の社会では、頭の回転が速いことを、頭が良いことだとしています。ところがこれは昭和になってから登場した考え方です。

大正時代には頭の回転の速さなどは問題になりませんでした。むしろ、うだうだ、ああでもないこうでもないと考えるから物事を深く考えられたのです。大正時代の小説家はみな、さっさと受け答えができる人はみんな浅はかだと言っていました。もちろん、昭和になってもそういう捉え方をしていた人たちはいます。

また『論語』に「巧言令色《こうげんれいしょく》 鮮《すく》なし仁《じん》、剛毅木訥《ごうきぼくとつ》は仁《じん》に近《ちか》し」とあります。巧言というのは言葉がうまい、プレゼンテーションがよいという意味です。令色というのは見た目がよいという意味です。そして、こういう人は仁、つまり人間のもっとも重要な部分に欠けていると言っています。一方の剛毅木訥は仁に近い。江戸の儒者、伊藤仁斎の解説によると、「木は質樸、訥は遅鈍」。貝塚茂樹さんはこれを更に解釈して、「木とはありのままで飾り気のないこと、訥とは頭の回転が遅いこと」だとしています。頭の回転が遅いことが、仁に近い、つまり人間としてもっとも目指すべきものに近く、頭の回転が速くてぺらぺらと喋るようなのは駄目だというのです。

ですから、成績の悪いこと、見た目に自信がないことは誇りに思ってよいのです。私は長らく大学で教えていましたが、ある程度、頭がゆっくり回る人のほうが一つの事柄をじっくりと研究し続けてものにします。先が見えてしまう人は駄目です。すぐに諦めて、目先のほうへとどんどん移っていきます。

エネルギーを使わないでおけば、時間を止めることができる

ところで、エネルギーを使うと時間が速く進むということは、エネルギーを使わないと時間が止まるということでもあります。冬眠中はエネルギーを使っていないので、時間はほとんど止まっています。冬眠する動物は、冬眠しない動物に比べて長生きです。働かなければ体はすり減らないので、長生きになるのです。ところが、ただ眠って長生きしたってしかたがありません。冬という暮らしにくい時間をやりすごすために、動物は冬眠して時間を止めているのです。生物というのは時間をきちんと操作しているのです。

人間だって、つらいときには引きこもって冬眠を決めこんでもいいのです。それで調子がよくなってから、わあっと働けばいい。死にたくなったら、少し引きこもってもいい。時間というものは、自分で操作すればいいのです。九月一日っていう締め切りなんて社会が作っているだけです。寝てやり過ごしてしまえばいいのです。

生物というのは、エネルギーを使って生きる時間を自分で作り出しているんだ、と私は

理解しています。生きようと思ったらエネルギーを使って自分で生きる時間を作り出せばよい。エネルギーを使うと時間が流れる。仕事をすると時間が生まれる。

同じようなことをほかの人も言っています。たとえば日本の曹洞宗を始めた道元は「わがいま尽力経歴《きょうりゃく》にあらざれば、一法一物も現成することなし」と述べます。尽力というのは力を尽くす、エネルギーを使うという意味です。そうすると経歴する、つまり時間が流れる。そういう時間の中ですべてのものが立ちあらわれて存在するようになってくる。続いて彼は「行持現成するを今といふ」と述べます。持続して行う、つまりある間、仕事をすると、今という一定の長さのある時間が生まれる。エネルギーを使って、自分が時間を作るのです。時間というのは自分独自のものなのです。だから、「青原《せいげん》も時なり、黄檗《おうばく》も時なり」、青原さんも、黄檗さんも、各人は各人の時間なんだ（青原も黄檗も禅宗の偉い僧）。（……）松も時なり、竹も時なり」、松だって竹だって、みんな独自の時間を作り出して自分の時間を生きているんだ。だから他人の時間に惑わされることなく、各人が今という自分の時間を生きればいいのです。他人の時間に引っ掻き回されないほうがいいのです。

社会としてエネルギーを使うと、社会の時間も速くなる

現代社会の時間は速すぎます。動物の時間がエネルギーを使えば速くなるように、社会生活の時間もエネルギーを使うと速くなります。現代人はスマホやコンピュータといった便利な機械に取り囲まれています。便利ということは速くできるということです。機械はみなエネルギーを使います。エネルギーを使って時間を速めているのが今の社会です。

車は二〇世紀の前半を代表するものです。タイヤの回転数や車の速度というのはガソリン消費量に比例します。コンピュータは0と1でできた信号で動いていますが、0と1が切り替わるたびに電気エネルギーを消費しています。コンピュータの計算速度も、エネルギー消費に比例します。

つまり、車やコンピュータといったものはみな、時間の速度とエネルギー消費が比例しています。こういうもので加速された現代の時間というのは、エネルギー消費量にほぼ比例していると私は考えています。現代日本人のエネルギー消費量は体の消費量の三〇倍、

つまり食事で取り込むエネルギーの三〇倍をガスや電気で使っています。ということは、昔の何にもエネルギーを使ってなかった縄文人などの時間に比べると現代の時間は三〇倍ほど速くなっているのではないでしょうか。

時間の速さのギャップに体がついていけない

ところが、体の時間は昔のままです。心臓の拍動は、同じくらいの体重の羊の心臓と同じペースです。ですので、体の時間と社会の時間の間にものすごく大きなギャップが生じてしまいます。社会の時間が速すぎて、体の時間がついていきません。

これがストレスとなって、私たちにのしかかっているのではないでしょうか。それは大人にとっても子どもにとっても同じです。間に合わないから長時間労働だし、休日出勤が必要になる。夜も宿題をしなければならないし、休みの日も塾に行かなければならない。

社会の変化も速い。あっという間に新しいデバイスやソフトウェアが出てきて、使いこなせないとバカにされます。ソーシャルメディアではすぐに返事しなかったら責められてしまいます。ぱっと来てぱっと返事するなんていうのは、考えずに返事しているようなもので、これは頭の反射神経を試されているようなものです。反応が速い人、頭の回転が速い人のことを頭がよいとするのが現在の世の中の考え方です。でもそれは反射であって、深く考えたわけではありません。

ついていけないのは君が悪いのではなくて、社会が悪い

本当は試験なんていうものは時間を制限せずに解くのがいいのです。今の大学入学共通テストなんて、黒丸を塗る速さをテストしているようなものです。出題している人は口を揃えて「私たちは時間内には解けない」と言います。よく読んで考えていたら、時間内に答えられるわけがないのです。出題者がみんなそう言っています。

だから、「この問題のパターンだったらこれが正解」とぱっと反射で分かるように塾で訓練する。それができるようになれば有能だとされます。でもそれは本当の有能さではありません。ですから、授業に追いついていけない、試験に追いついていけない、ソーシャルメディアなどで追いついていけないから仲間外れにされている、というのがあなたなら、それはあなたがまともなのです。ほかのみんながおかしい。ついていけないのは君が悪い

のではなくて社会が悪いのです。

「生命《いのち》はめぐる」

さあここでもう一曲歌ってみよう。

生命はめぐる／本川達雄

日は昇り　日は沈み　また朝が来て　夜となる
月は満ち　月は欠け　月はまた　丸く輝く
月日はめぐる　月日はめぐる　めぐる月日の中で
私は　私は　生きてゆく

心臓は　休まずうち　肺は　呼吸を繰り返す

クエン酸回路はまわり　サーカディアン・リズムは続く
血潮はめぐる　生理はめぐる　めぐるリズムの中で
私は　私は　生きてゆく

人は生まれ　大きく育ち　愛し合い　子供をつくる
そして老い　死にゆくとき　子供へと　希望をたくす
生命はめぐる　親から子へと　めぐる生命の中で
〈私〉は　〈私〉は　生き続ける

この曲は、一番では自然の繰り返し、二番で体の中の繰り返し、三番で世代の繰り返しを歌っています。月というのは満ちて、欠けて、消えて（尽きて）しまって、また、蘇ってきます。古代の日本人は月の満ち欠けに不死を見ていました。不死というのは死がないという意味ではありません。死んでは蘇るを繰り返すのが不死です。

生物というのは、世代交代をしてきちんと死を導入しながらも、若返り続けて、永らえていきます。自然もそうです。太陽も、冬至の日にもっとも衰えて、また蘇ってきます。かつて太陰暦だったころは冬至が新年でした。その日に鎮魂《たまふり》をして、一年の初めに、太陽や我々自身にエネルギーを注ぎ込んでいたのです。

人々は空を見上げて、何かが衰えて、また蘇ってくる様を月に見たのです。「望月《もちづき》の欠けたることもなし」という状態は、ずっと続くわけがないのです。それこそ、死にたくなったら少し月を見るというのは悪くないと私は思います。

忙しくなって幸せになったとは思えない

代　ありがとうございます。お話を受けて、「人間であることがすごいという前提がなかったのでその前提をお話しいただくだけでもとても安心できました」「社会の時間とはエネルギー消費のことだったのですね、忙《せわ》しない日常の理由がよく分かりました」などのコメントが寄せられています。

本川　忙しかったら体が壊れます。精神が壊れます。

代　本川さんは『生きものとは何か』（ちくまプリマー新書）の中で、「忙しいという漢字

本川　

は心を亡《ほろ》ぼすと書く」とおっしゃっていました。そう言われてみて初めて分かったのですが、社会のほうがとても短い期間で急に忙しくなってしまったのですね。

そうですね。忙しくなって幸せになったとは思えません。モノも増えましたが、それらを使いこなしてはいません。どんどん新しいものに切り替えて古いものはすぐに捨ててしまいます。そして、新しいのに慣れるのにあっぷあっぷしています。

ビジネスというのは英語で文字通り「忙しいこと」という意味ですよね。社会でビジネスをしている人は、のたのたしていたら負けてしまいます。これも因果な話ですよ。私はもう引退したので、もうビジネスは関係ありません。こんなにいいことってありません。

子どもだって今は忙しい。ぼうっとしている暇はない。動物園でも「ゾウ、見た！」「キリン、見た！」といって次に行ってしまいますよね。そこでじっとして見ていなければ学問は始まらないのですがねえ。

ナマコは忙しい夏に寝る

代　本川さんは琉球大学にいらっしゃった時期は毎日ただひたすら潜ってナマコを見ていたとお聞きしました。

本川　そうですね。今の学者は儲けないと研究できないので大変です。私はそのような最先端の学問をやっていませんでしたから、ナマコをぼうっと見ていることもできました。

代　あまりに苦しかったり、悩んでいたら、ゆっくりしたり、冬眠する生き物を思い出して引きこもってもよいのかな、とも思います。

本川　冬眠というのは寒いときにするものですよね。ナマコは夏に寝るのです。夏になると水温が上がり、化学反応の速度が上がってしまいます。なので周囲は忙しくなってしまう。そこでナマコは眠ってしまう。忙しくしない。忙しくすると餌を多く食べなければならないのですが、ナマコの強みは餌をあまり食べないで生きていけるところです。だから「景気がよくなったときには儲けません」と店じまいをするというのがナマコのやり方なのです。

今の世の中はそういった余裕がありません。景気が悪くなったらもうおしまいです。だからコロナ禍に襲われたら立ち行きません。多くのエネルギーを使って駆けていないと駄目になってしまう。それでは、止まることができません。店じまいができません。景気のいいときも景気の悪いときも店じまいをする余裕があったほうがよいはずです。それは何も経済だけの話ではなくて学校生活もそうです。

代　自分の人生だけで考えてしまうと最長でも一二〇年ほどなので、何年も引きこもったら終わりだと思ってしまうかもしれないけれど、もっとロングスパンで考えたらいいのかもしれませんね。

本川　縄文時代は三〇歳だった寿命が今や三倍ほどになっているのだから、数年引きこもったって何も問題なんてありません。忙しない今の社会が間違っています。これに合う人は出世するかもしれないけれども、そういう人たちはまともではありません。

代　悩み苦しんでいる人は、むしろまともなのですね。

本川　そうです。だから悩まなくていいのです。

環境もみな〈私〉の一部

代　お話いただいた〈私〉に関連するのですが、自分個人のことだけを指すという考え方は、近代西洋では一般的ですよね。一方、アフリカをフィールドに研究されている人類学者の松田素二さんが、〈私〉という存在は様々な関係の中にあり「I am, because we are」と考えている地域があると教えて下さいました。

本川 日本だってついこの間までそうでした。今日は時間の連鎖の話しかしませんでしたが、実は環境も〈私〉です。自分の生きている環境がなくなったらみんな生物は死にます。ということは、私の生きていける環境というのは私にとってかけがえのないものです。そういう環境は〈私〉の一部と考えたほうがいい。環境を大事にしなかったら生きていけません。個の空間を占めている私しか考えてないから、周りの環境をどう扱ったって平気な顔をしていますが、それではいずれ首が絞まります。生存に関わる話ですから。〈私〉を広げて考えなければ生存できません。

儒教でも同じことが言われています。儒教は自分の血族というものを大事にします。そして仁の考え方を周りの人間にも広げ、さらに環境にも広げることを説きます。自分でないものはないと考える。それが儒教の考え方だと吉川幸次郎さんは言っています。

個の自分しか考えなければ、個の自分しか大事にしません。そうすると、子ども

代　だって好きだから産むということになってしまいます。それではペットを飼うのと同じです。好きだから産むという話だと、好きでなくなったら虐待しても構わないという話にもなってしまいます。そのように好きか嫌いかで判断してしまってはいけません。本来は、周囲も含めてすべてが〈私〉なのです。

本川　そう考えたら、自分ごとにする範囲が圧倒的に広がりますね。

代　そうです。〈私〉というのは関連の中で生きています。インターネットを考えてみてください。いま、インターネットは全世界とつながっています。それを自分から見ると、自分がハブになっています。そのネットワークをすべて含めて〈私〉だと言ったっていいわけです。自分が「お気に入り」に入れたものは、すべてある意味では〈私〉になっています。

嫌いな人とは、適切な距離を取りながら共存する

代　極端な質問になってしまいますが、いじめを受けているときであっても、いじめている人も〈私〉だと考えるのでしょうか。

本川　好きなものとだけ付き合うのが今の世の中ですよね。でも多様性というのは、好きでもないものが存在することです。好きでもないものと、何とか共存しなければなりません。撲滅はできません。嫌いなものがあるからこそ強い社会になれます。世界は私の好きなものだけではできてはいません。いつも晴れの日ばかりではありません。雨も降るけど、雨が降るからこそ水だって得られる。

代　「雨」がつらくて、どうしても学校にも行きたくないのであれば「冬眠」するのも選択肢にありますよね。

本川　そうです。だって、一年経ったら学年が変わってしまうでしょう。この世界を好きなものばかりにはできません。でも何も嫌いなものと積極的に付き合う必要は全くありません。距離をたもって「あんたも嫌い」「あんたも嫌い」と言いながら一緒に並んで座る。それはそれでいい共存の仕方だと思います。

代　嫌いなものがあってもいい。そうしたものとは距離を置いて、月やほかの生き物でも見て、ゆっくり独自の時間を生きればいいと思うと、少し気が楽になりますね。

メッセージコラム4

自殺しないために

内田《うちだ》 樹《たつる》（思想家、武道家）

私自身は自殺したいと思ったことが一度もない。生まれつき楽天的な性格なのかも知れないが、もうひとつ別の理由があるように思う。

六歳の時にリウマチ性の心臓疾患に罹《かか》った。かかりつけの医者がただの風邪だと誤診したせいで、痛みが全身にまわって、身動きできなくなり、大学病院に連れて行かれた時には「もう手遅れです」と宣言された。余命ひと月と言われて、両親はショックを受けていたが、本人はあまり実感がなかった。

さいわいアメリカ製の薬が効いて死なずに済んだ。でも、重篤な心臓疾患が残り、医者からは「ふつうの人生」は諦めてくれと言われた。外を走り回ることも、泳ぐこともできないという身体的な制約を課されたので、子ども心に「これからあとは余生だ」と思った。

「余生」なのだから、好きなことしかしないと決めた。無理したり、我慢したり、遠回りをしたりという無駄ができるほど私の余生は長くない。

中学生のときから煙草を吸い出し、高校生になったら酒を飲むことを覚え、麻雀に熱中し、勉強が嫌で高校を中退し、家を出て、働きながら、ジャズを聴いたり、小説を読んだり、映画や演劇を見たり好き放題なことをしていた。気がついたら身体がすっかりよくなっていて、二〇歳になる頃には心音異常も消えていた。なるほど「好きなことしかしない」というのは身体にとてもよいらしいとその時に悟った。

デュルケームという社会学者が一九世紀の終わり頃に『自殺論』という研究を発表している。説得力のある書物で、今でも自殺研究の基本文献だろう。その中でヨーロッパでは自殺率が一番高いのが北欧とドイツで、南にゆくに従って低下し、ヨーロッパで一番自殺率が低いのがイタリアだと書いてあった。人は寒いところから暖かいところにゆくと「自殺したい気分」が逓減《ていげん》する。その箇所を読んだときにアルベール・カミュの『魂の中の死』を思い出した。

寒いプラハでただひとり、どんより曇った空の下で、持ち金が目減りするだけの日々を過ごしているうちにカミュは絶望的な気分になる。「疲労にうちひしがれ、頭はうつろになり、僕は扉の掛け金をぼんやりみつめていた。もうそれ以上なにもすることができなかった。」でも、そのあと友だちがやってきて、一緒に列車でイタリアへ向かううちに気分が変わる。青空の下の糸杉とオリーブの木を眺め、蝉の声を聴き、草原の香りで胸を満たすうちにカミュは「ここで僕は世界を前にしている」という深い自己肯定感を回復する。

自分の周りの環境が冷ややかだと人は生きる意欲を失い、世界が自分を暖かく歓待していると感じると生きていてよいのだと思える。当たり前と言えば当たり前である。

デュルケームが指摘していたもう一つは宗教の関与である。ヨーロッパでは、プロテスタントの自殺率が最も高く、カトリック教徒がそれに続き、ユダヤ教徒が一番低い。プロテスタントの場合、人は信仰によってのみ義とされるわけで、おのれの信仰を確認するために「私はほんとうに神を信じているのか」と日々内省しなければならない。この自問に満腔《まんこう》の自信を以て「はい」と答えることはむずかしいだろう。一方、ユダヤ教徒は無数の儀礼や戒律によって、着る服から食べるものまで、日々の営みのすべてを通じて信仰を確認せざるを得ない。イスラーム教徒も同じである。儀礼の多い宗教では、やることが多すぎて、自分の信仰の揺らぎについて不安になる暇がない。この理路もよくわかる。

だから、もし若い人が自殺したいという気分になっていたら、「暖かいところへ行ってレイドバックな気分になること」と「儀礼戒律さえきちんと守っていれば神からの承認を実感できる宗教共同体に帰属すること」を私なら勧める。他にもいろいろ手立てはあるだろうけれど、この二つは経験的にかなり有効である。

私の自己肯定感が最低だったのは、大学を卒業したけれど、職にも就かず、毎日ぶらぶらしていた頃である。ささくれだった気分で暮らしていたその時に、たまたま正月のテレビで小津安二郎の『お早よう』という古い映画を観て、憑き物が落ちたように穏やかな気分になったことがある。安らぎを求めて、それから一年ほど東京中の映画館をめぐって小津の映画を観歩いた。そしてある日ふと「これからまじめに働こう」と思った。思わぬところにセーフティネットはあるものである。

一九五〇年、東京生まれ。神戸女学院大学名誉教授。多田塾甲南合気会師範。東京大学文学部仏文科卒業。東京都立大学大学院人文科学研究科博士課程中退。専門はフランス現代思想、武道論、教育論、映画論など。著書に『ためらいの倫理学』（角川文庫）、『日本の身体』（新潮文庫）など多数。

ひとりの力で
切り抜けられる
状況ではない。
頼れることが「自立」

今井紀明

（認定NPO 法人D×P、株式会社SOLIO 代表）

1985年札幌生まれ。立命館アジア太平洋大学（APU）卒業。引きこもり、対人恐怖症など経験。2012年にNPO法人D×Pを設立。 経済困窮、家庭事情などで孤立しやすい10代が頼れる先を作るべく、登録者1万人を超えるLINE相談「ユキサキチャット」で全国から相談に応じる。10代の声を聴いて伝えることを使命に、SNSなどで発信を続けている。

生活に困窮している一〇代を支える仕事

今井

私は普段、若者の居場所を作るという仕事をしています。代表をしている認定NPO法人D×Pでは、「ユキサキチャット」を通じて、不登校、高校中退、貧困の一〇代の人たちの就職や進学の相談を受けています。ユキサキチャットには現在、一万一〇〇〇人ほどの登録者がいます。ユキサキチャットを立ち上げる以前の二〇一七年ころから、主として進学や就職の相談、不登校の人や中退している人たちの相談に乗ってきました。ところが、二〇二〇年の四月、最初の緊急事態宣言が発令されたころから、相談内容が急に変わってきました。所持金がないという相談が一人暮らしの一〇代から届き始めたのです。

一〇代からは、所持金や食べ物が不足していて、一日一食に削っているという声が届きました。また、これまで仕送りなしで生活してきた大学生が、バイト難民になり生活ができなくなっているという状況も出てきました。そういった、親に頼れない一〇代の一人暮らし、親に頼れない大学生の苦境の声が多く届きました。

そこで、生活が困窮している、孤立しがちな一〇代に対し、食料支援や現金給付

代 をオンライン相談を通じて開始しました。D×Pとしても苦しい状況だったのですが、若者に対しての支援は国からはなかったため、実施に踏み切りました。国の一〇万円の定額給付金もありましたが、世帯単位の給付だったためお金は親に届いており、親と関係が悪い一人暮らしの一〇代には届いていないこともよく見られました。今にいたるまで、累計一三万食以上、給付支援は六〇〇〇万円以上の現金を直接届けてきました。今は二五歳まで対象年齢を広げています。

今井 「頼れない」というのは、経済的な意味以外にも、精神的な支えとなりうる相談相手もいない方が多いのでしょうか。

生活の困窮に関しては、友人にも話しづらいことが多いです。また、親がいない、あるいは親との関係が悪くなっている場合もありますし、親が何かしら体調が悪いという場合もあります。そのように親に頼ることも難しい状況で、相談しづらい環境にいる人が私たちのところに来ています。七月が過去最多の相談件数だったのですが、八月はそれを上回っています（二〇二一年の対談時）。

頼ることができるのが自立

今井紀明（認定NPO法人D×P、株式会社SOLIO代表）

代　先日、『不登校新聞』の代表、石井しこうさんに、コロナ禍で子どものうつ病が増えたというデータを見せていただきました。一〇代の皆さんはどのような影響を受けているのでしょうか。

今井　コロナ禍の影響で、頼る先が減ってしまったことの影響が大きいです。たとえば、これまで通えていた場所に行けなくなり、居場所が少なくなってしまった。個人の部屋がないので、家族が家にいる時間が増えて、居場所がなくなった。あるいはそもそも頼れる人に会いづらくなってしまった。そのように、頼れる居場所や頼れる人と、物理的にも遠くなり、関係も疎遠になってしまっています。それが精神的に影響していると推察されますね。

どんな人であっても、頼れる人がいてこそ自分が安定します。一人だけの力で何とかしようと無理しないでほしいです。

代　一人だけの力で何とかしようとすることが「自立」ではない、との考えはすごく大切な気がします。頼れる居場所や頼れる人が身の回りからなくなると、孤独にな

今井

っていってしまいます。そうしたときには誰に相談するのがよいのでしょうか。

相談はアクセスのしやすさが重要ですよね。場合によっては、窓口に行きづらいこともあります。行政の場合、電話や対面でのやり取りが必要になるため、一〇代の子たちにとってはアクセスしづらいものになります。電話などよりもチャットの方が慣れているためです。個人情報も守られて匿名性も担保されます。D×Pが先駆けになった形ですが、ほかのＮＰＯの皆さんもオンラインの相談窓口を作られています。

また、関係性にもよるので断定はできませんが、勇気を出して家族に相談してみたら意外と助けてくれた、というケースもあります。場合によっては、一旦離れてみてから相談してみる。あるいは話せていなかったとしてもひとまず話してみる。親以外でも、信頼関係ができている人にひとまず話してみる。そういうことは大切です。

コロナ禍の場合、特に一〇代の子たちにとっては、一人の力では切り抜けられない状況にあります。頼るということが自立につながっていくので、遠慮なく周囲や社会に甘えていくことが大切です。

無理をして学校に行く必要はない

代　夏休みが終わる時期には「学校へ行きたくない」と検索する人が多いそうです。学校へ行かなくても人生は終わりではないですし、別の選択肢がありますよね。

今井　そうです。そもそも、無理をして学校に行く必要はありません。学校へ行かなければならないというプレッシャーを家族から受けているかもしれません。でも実際は学校に行く必要はありません。いじめがあるかもしれませんし、部活や先生との関係性のところに何か問題を抱えているかもしれません。無理して行くよりは、どこかに相談してみるなどして、一度休んで自分の心のうちを共有する時間をとってほしいです。

代　学校に行かなくとも、その後の人生の開き方はいくらでもありますよね。

今井　いくらでもあります。ユキサキチャットで相談してくれた人の中には、学校に行かずに就職した人も多くいます。ぜひ自分の好きなことや興味があることを広げてほしいです。そうすれば、そこから社会との接点が見つかります。ゲームでも料理でもイラストでもいいです。ひとつの興味を起点にすれば、社会の先輩たちの話を聞く機会にもつながっていきます。あまり学校ばかりにとらわれずに、思い切って自分の興味を深掘りしてみる。そこから新しい可能性は広がるんです。就職や進学を諦める必要はありません。

ただし、経済的に困窮している家庭にとって不登校の状況は通う場所の選択肢もなく、好きなことや趣味などの選択肢を選べない状況などに陥る可能性はあります。そのため、不登校であっても自宅で学ぶ機会の保障は必要だと思ってはいます。現状は経済的に困窮している家庭にとって、安易に「無理して学校に行かなくてもいい」と安心して言える環境でもないので、そこには国や自治体が状況改善に向けて取り組む必要はあると感じています。

子どもや若い世代が体験する不条理を何とか解消したい

代

今井さんは高校生のときにＮＰＯを立ち上げ、イラクの子どもたちの医療支援を

今井　行われていましたか？　何かきっかけはありましたか？

今井　高校一年生のときにアメリカ同時多発テロ事件がありました。そしてアフガニスタン空爆が始まります。アメリカが、自国と本来は関係のない国を空爆したのを知って、社会に対して憤りが生まれました。こうした報道に触れる中で、子どもたちが困っている現状を映像で観たのがきっかけです。

それ以来、子どもや若い世代が体験する不条理を何とか解消したいというのが、二〇年近く私のモチベーションになっています。不条理なこと、自分が疑問に思ったことに対しては声を上げ続け、なるべく行動していく。その行動を事業化しようという気持ちから始まりました。

ＰＴＳＤ、引きこもりの経験から、起業にいたるまで

今井　しかしその後、二〇〇四年から五年間ほどは、再起不能になっていました。ご存知でない方は「イラク日本人人質事件」と検索していただければと思います。

当時は多くの誤報もあったので、「死んで帰ってくればよかったのに」とバッシン

グにもあいました。国民の九割近くの人に顔を知られていましたし、路上で殴られたり、罵声を浴びたりという経験も少なからずしました。当時一八、一九歳だった私は、社会に迫害されていると感じました。PTSDになり、消え去りたいという気持ちになり、引きこもりました。

自宅に届いた批判の手紙に返事を書いたり、送り主に会いに行ったりもしました。そうしているうちに、批判をしていた人たちの中には、悩みを抱えていらっしゃる方も多かったと気が付きます。そうした五年間を過ごしたのは私にとって大きな体験でした。通院はしていませんでしたが、友人がカウンセリングのように話を聞いてくれたおかげで、社会へも復帰できました。そして、自分自身が引きこもりの経験をしたこともあり、孤立している一〇代を対象に、海外ではなく日本から動き始めようと考え、起業しました。

それから今年で一二年目です。多くの方々に支えられて今日までやってこれました。D×Pは現在、年間一・九億円ほどのご寄付をいただいています。個人の寄付者さんがほとんどです。一〇代の孤立を解決し、若者が希望を持てる社会を作っていきたいという意思を共有しているスタッフとともに頑張っています。大変ではありましたが、当時の引きこもりの経験が活きていると感じます。

言葉をかけるよりも、まずは話を聞くことをしたい

代 若いときの五年間は長く感じられると思います。その時間が終わらないように感じるかもしれません。私自身も大学生のときに四年間ほど心身の不調をきたしていました。本当にずっと元気が湧いてこないし、自分に何かできるとも思えない。将来の選択肢が見えない大学時代でした。苦しい思いをしているときはその時間がずっと続くと考えがちです。渦中にいる人に向けてはどのような言葉をかけられますか。

今井 状況にもよるので、まずはきちんと話を聞きたいです。話を聞く前に言えることはあまりないかなと思っています。ぎりぎりの状態ならば、もしかしたら言葉はあまりいらないかもしれません。不用意なメッセージを送るのは避けたいです。

代 おっしゃるとおり、少し元気になってからしか言葉を受け取ることはできないかもしれません。本当に落ち込んでいるときは難しい部分もあると思います。

今井 そうですよね。当時の私は言葉を送られても「そんなこと分かっているよ」「つら

い状況のときに言わないでよ」と思っていました。むしろ、周りにいる人ができるのは、聞くことかもしれません。

代　確かにそうですね。私も当初は「こんな思いを打ち明けたら迷惑に感じるかも……」、「変な人だと思われてしまうかな……」などと思って打ち明けるのが怖かったのですが、実際はそんなことはありませんでした。

伝えた相手はみんな親身になって聞いてくれましたし、逆の立場を考えると私も友人や知人が苦しい思いを打ち明けてくれたら、迷惑どころか言ってくれてよかったと思います。深刻に思い悩んでいる方は、これまでにもう十分過ぎるほど苦しまれたと思います。一人で抱えないでいい、ということを忘れずにいて欲しいです。

民間の一人ひとりの意思が通じ合うことで支援体制を構築できるのがNPO

代　D×Pの「若者が希望を持てる社会を作る」というビジョンに多くの方が共感し

今井　て、活動を支援していますよね。

二〇二〇年の四月と比べると、支援者数が一年半で三倍近くに増えています。コロナ禍になって寄付いただける人が増えてきました。D×Pは寄付者さんに支えられてユキサキチャットを始めとした各種事業を運営しています。寄付金も、社会を作る資本です。行政や企業にはできないけれど、NPOができることというのがある。寄付はその資本になる。事業モデルがないところから、事業モデルを作ることができる。それが面白さでもあるし、希望を感じるところです。

D×Pは二億円ほどの規模ですが、給付金や食料支援を受けた人たちの半分ほどは安定した生活を送り、働けています。寄付をしてくださる方一人ひとりの毎月一〇〇〇円、二〇〇〇円といった金額を使わせていただくことで、子どもたちの未来を作ることができています。

日本ユニセフ協会が三〇〇億円規模、あしなが育英会が七〇億円規模なので、それらと比べるとD×Pは小規模な寄付型NPOです。あしなが育英会さんは、親を亡くした子どもたちに一時給付金を提供し、奨学金事業も長年継続されています。国ができていないことを、寄付金で実施していらっしゃいます。

代

ＮＰＯとは非営利組織のことですが、より広いくくりではＮＧＯ、つまり非政府組織にあたります。企業や国が小さな課題を解決しづらい今、民間の一人ひとりの意思が通じあって支援体制を作ることができる。これがＮＰＯならではの力ではないでしょうか。

ＮＰＯならば、政府から事業を受託することもできるし、政府とは違った成果指標で動くこともできます。仮に就職という成果指標だけをおくと、スタッフはその目的のみを目指して動くことになります。それでは当事者はプレッシャーを感じてしまいます。本来ならば、一度休んでみるなど選択肢を広く持ったうえで、長いスパンで考えることが重要です。そこで、私たちは独自の成果指標を設け、柔軟に対応できるようにしています。これは寄付をいただいて運営しているＮＰＯだからこそできることです。

企業は利益を追求しなければならない仕組みですが、利益が目的ではないＮＰＯだから取り組めることがあるんですね。今井さんも私も、利益も何も生み出さずに「一度休む」ということも経験しています。そうした経験は無駄ではなく、自分はどういう世界に住みたいだろうか？を見つめ直させてくれた気がします。

一日休んでエネルギーが補充されたら、支援体制を作る側に回ることもできるかもしれない。悩み、苦しみぬいた人は、その後並々ならぬパワーを発揮したりします。今が最悪でもずっと今が続くわけではない。焦らずに長いスパンで考える、ということを忘れずにいたいです。

◎認定NPO法人D×Pの詳しい活動について
https://www.dreampossibility.com
◎ユキサキチャットは、平日10時〜19時。相談無料。
（土日に受け取ったメッセージは次の平日以降に返信）
https://www.dreampossibility.com/yukisakichat/

メッセージコラム4

死んだ人、生きた人、すべてを受け容れる

加《か》藤《とう》有《ゆ》希《き》子《こ》（埼玉大学准教授）

たいへん言いにくいことではありますが、私は二〇一〇年の三月、三三歳の時に自宅で首を吊りました。そして首を吊った瞬間、カーテンレールが折れて、一命をとりとめました。

小さいころ、足に針が刺さり、折れた針が心臓に刺さるのではないかという危険性のなか緊急手術したことや、四〇代になり乳がんを患って手術したこともありますが、後にも先にも、私にとっては、このカーテンレールが折れた瞬間が、本当の「正念場」だったことに間違いはありません。

私は現在、大学教員ですが、その頃は、アメリカの大学院留学に挫折感を覚えて、日本

に帰国していました。

ストレスからでしょうか、二〇〇九年から免疫の病気である膠原病を患い、博士論文も書けなくなり、恋人もおらず、就職先もなく、収入もなく、ステロイド剤で顔がパンパンに腫れて姿も醜くなり、当時の自分としては考えうるかぎり一切の希望が断たれたなかでの自殺未遂でした。

あのときは死ぬことしか考えられませんでした。私が一〇年以上すべてを賭けてきた学問の道に挫折したと思ったからです。

あのころは、街を歩けば飛び降りるビルなどを探していましたが、私の実家は今思えば、幸いにして二階建ての一軒家で、高いビルではありませんでした。

一方、電車に飛び込めば、家族に迷惑がかかりますし、体が粉みじんになることは怖かったのです。そうして私は消極的に、首吊りを選びました。そしてカーテンレールが折れたのです。

何度も自殺未遂する人もいますが、私にとってはカーテンレールが折れたことは、最大の教育的指導でした。私はそこで「自分は死ぬ運命にはない」ということが初めてわかり、そこから本当に少しずつですが、博士論文を再び書き始めました。そしてその年の一二月にはアメリカで博士号を取り、次の年に幸いにして大学教員として就職できたのです。

死にたいと思っていたとき、私はもちろんそんな未来が来ることなど想像だにしていませんでした。

今、思えば、人が死にたいと思うのは、端的に言えば「視野狭窄《しやきょうさく》」、つまり視野がものすごく狭くなって、それしか考えられない状態です。自分も捨てたもんじゃない、ということが全く思いもつかない状態なのです。こうした「視野狭窄」から抜け出すにはどうすればいいのでしょうか？　今日はそのことをお話したいと思います。

私が経験から学んだ抜け道は、ひとつは肉体的なこと、もうひとつは精神的なこと（心がまえ）です。

ひとつは体を動かしましょう、ということです。

自殺未遂をしたあと、母は私が引きこもっているのを見かねて、私を夜のドッグランに連れ出しました。住宅地の人が犬を散歩させる場所です。

私は夜、真っ暗になった誰もいないドッグランで、母に見守られて毎日走りました。三三歳の無職の独身女性が、誰もいない真夜中のドッグランで走っているのですから、そんなに楽しいものではありません。運動すると息苦しく、不安になるときもあり、将来の展望も持てず、本当にみじめな気持ちがしました。

しかし命というのは、肉体と精神が磨かれて、初めて輝くものです。ほとんど見えないような緩やかな速度で、私の魂は徐々に回復していきました。

何度も言いますが、走っている間、とてもみじめな気持ちがしました。マッチョなビジネスマンがジムで汗を流す爽やかさはありませんでした。

しかし今、振り返ると、母が夜中のドッグランに連れだってくれたことは、私を命の道に引き戻すための鍵だったと思います。私は精神よりも肉体を先に回復させたのです。

そしてもうひとつは心がまえの問題です。

私は就職氷河期世代だったせいもあり、周りには自殺、事故、病気などで、悲惨な死に方をした人がたくさんいました。

私はカーテンレールが折れた幸運な人間でした。そのため私はその後、そういう「不幸」な人たちに対して、生き残った人間として、ある種の引け目を感じ、自分の生活が再び軌道に乗ると、そうした不幸を極力見て見ぬふりをして、避けようとしました。

正直なことを言えば、そういう人たちと関わると、自分が再び不幸に引きずり込まれるような感じがして、怖かったのです。私は弱い人間でした。

しかし自殺未遂から一〇年後、自分に乳がんが見つかり、私は乳房を一つ、全摘することになりました。

そのとき、私は不幸に再び直面して、「不幸」は決して自分の「外側」にあるものではなく、「内側」のものとして受け容れるようになったのです。

カーテンレールが折れてから、私は自分の生活を立て直すことに必死でした。そして自分は「正しい側」にいること、一方「不幸な側」にいる人は、何らかの瑕疵《かし》、つまり本人の側に問題があると思い込もうとしていました。

しかし実際にはそんなことはありませんでした。何の罪もない人が、不幸のどん底に追いやられることは、決して少なくないのです。

私はそこから、自分の不幸も、他人の不幸も、ぜんぶ受け容れて、赦そうと思うようになりました。

今まで自分の安っぽい道徳心で、早く死んだ人などを勝手に「かわいそう」と思い込んでいました。でも「かわいそう」と思ったところで、何になるでしょうか。

どんな不幸に見える人生にも、命の輝きがあり、人それぞれに美しいのです。「死んだ人も、生きた人も、受け容れよう」と幸福至上主義をすてたとき、肩の力がふっと抜けるのを感じました。

今、死にたいと思っているみなさんは、そんな心がまえでは、引きずり込まれて死んでしまう気がしますか？

実は人間はそんなに弱くはありません。すべてを赦したとき、生きる力がふつふつとわいてくると思います。植物の種が、環境さえ整えれば、自然と育っていくのと同じです。

私は人生は楽しいとか、ポジティブに考えろとか、そういう気休めのことは言いません。ただ自分のものであれ、他人のものであれ、今の不幸をまずは受け容れてみてください。幸せじゃなくても、悲しくても、汚くても、かっこわるくても、それでいいんです。安心してください、それが永遠に続くということはありません。

今、死にたいみなさんは、息がかろうじてできるだけで十分です。肩の力を抜いて、静かに呼吸してください。

一回できたら、もう一回、そしてもう一回。呼吸するのに、幸福か不幸かなんて関係ありません。必要なら、薬も飲んでいいでしょう。そうしているうちに、息は自然とつながり、あなたの道ができていきます。

加藤有希子（埼玉大学准教授）

一九七六年横浜市生まれ。早稲田大学第一文学部美術史専修卒業。慶應義塾大学大学院哲学専攻美学美術史分野修士課程修了、同博士課程単位取得満期退学。デューク大学美術史視覚文化学科博士課程修了（Ph.D.）。著書に『新印象派のプラグマティズム』（三元社）、『黒でも白でもないものは』（水声社）など。

孤独を感じるのには
生物学的な
理由がある。
0・1%の
遺伝子の違い

安藤寿康

(教育心理学・行動遺伝学者)

1958年東京都生まれ。慶應義塾大学文学部教授。慶應義塾大学文学部卒業後、同大学大学院社会学研究科博士課程修了。教育学博士。専門は行動遺伝学、教育心理学。主に双生児法による研究により、遺伝と環境が認知能力やパーソナリティに及ぼす研究を行っている。著書に『能力はどのように遺伝するのか(ブルーバックス)』(講談社)、『教育は遺伝に勝てるか』(朝日新書)などがある。

目先の一点にしがみついていたら、いつの間にか三点確保できていた

安藤

私は自殺についてきちんと語ったことは今までありませんが、一八歳から二八歳まで、ほぼ一〇年間いつも死の影とともにありました。だからこの話は他人事ではありません。

死んでしまおうと考える人は、それぞれ何か悩みを抱えています。その悩みを誰かと共有していると思えたら、死なずにすむのかもしれません。ところが、その悩みの根底には「自分の持っているこの苦しみというのは、自分にしか分からないだろう」「自分だけがこうなんだろう」「なぜ自分だけこういう思いをしなければならないんだろう」という孤独感があるように思います。私自身は一〇年間ずっと、こうした孤独感と、ほとんど病理との間をさまよっているほどのうつ状態で暮らしていました。

一方で、私は生き延びてこれた人でもあります。生き延びてしまったということは、向こう側に行かない何かがあったということです。どう生き延びてこれたかと

いうと、目先にたまたまあったものに、しがみついていただけです。そのおかげで、かろうじて生き延びてきました。

ボルダリングでは壁に三点を確保すると安定します。安定的に登り続けるためには、両手両足のうち、必ず三つは固定して、一つだけをずらす。そうすれば、ずり落ちずにすみます。人生も同じことです。ところが、私の感覚で言うとたった一点、一つの「ホールド」（クライミングホールド、突起物）にしがみついて自分の体を支えてきたというような気がしています。

若い頃に明るい未来や夢を追いかけていたわけでは決してありません。明るい将来は見えていませんでした。長らく目先の一点にだけしがみついていたところ、偶然の積み重ねで、気がついたら一点が二点になり、二点が三点になって、三点がようやく確保できるようになっていたという感覚です。

だから自分の経験というのがどれほどみなさんに通用するかは分かりません。みなさんが死を考える理由と私が死を考えていた理由がどれほど共通しているかも分かりません。そういう自分が自殺について語れることを話してみたいと思います。

休みの時期に自分を支えてくれているものはなんだろう

安藤　九月一日という、学校が始まるときに自殺者が増えているわけですよね。逆に言うと、学校から離れることが社会に許されている休校の時期は、とりあえず死なずにすんでいる状況です。休みの時期は、何かに支えられているのです。今あなたを支えているものって何なんだろう。学校に行ったときに失ってしまうものって一体何なんだろう。

これもまた一人ひとり違うかと思います。人によっては学校でいじめられているだろうし、学業に向かい合わなければならないことがつらい人もいるかもしれない。あるいは、学校に行くと、避けて通りたい、直面したくないことに向き合わなければならないかもしれない。

考えたいのは、それが本当に死ぬことの理由なのかということです。きっと、それは理由にならないと思います。それがない、休みの時期は生きていられるわけだから。それがない状況をつくれば、生きていけるのです。やけに理屈っぽい話ですがね。

今のあなたを生かしてくれているものを手放さない

代　おっしゃる通りですね。学校が始まると苦しくなるということを、裏返せば学校に通っていなければ大丈夫なわけで、そこに一つ大きなヒントがありますね。「今のあなたを生かしてくれているもの」と言うと抽象的ですが、「これをしているときは、いやなことを忘れられる」という何かを持っている人もいます。

安藤　私の場合は音楽でした。自分でピアノを弾いたり音楽を聞いたりしているときは自分でいられます。今でもずっと続けています。仕事をしていても必ずやります。ピアノは別腹だといつも言っています。これは今にして思うと自分を支えてくれているものです。別にプロになれるほど上手いわけでもないし、忙しいときには「このようなものに時間を割いていいのか」という後ろめたさがないわけではありません。しかし、ピアノが生きる糧になっています。

もし、少しでも向かい合えるものがあるならば、それは絶対に手放してはいけません。今の自分にとっては「ただの趣味」「他と比べて好きなだけ」と感じるかもしれませんが、何十年も生きていくと、重要なものになっていきます。もし、心の支えになったり、少し安らぎを感じられるものがあれば、大切にしてほしいです。

代　自分にはそのようなものは何もないと感じるかもしれませんが、先生が研究されている行動遺伝学からすると、誰でも自分の遺伝的特質から好きなものを持っているのですよね。

安藤　そうですね。

家には常に不健康な空気が漂っていた暗黒期

安藤　自分が暗黒の一〇年間を過ごしたのは、何か大きな事件があったからではありません。そうではなく、何となく私の家の雰囲気というのが不健康だったのです。これは父親のパーソナリティからくるものだったのだと思います。心理学の勉強をした今にして思えば、アスペルガー症候群なのではないかと理解できるのですが、要するに父は人の気持ちを察することができない人でした。彼は数字は得意だったので、それを活かして株の評論家として名を成し、金銭的には余裕がありました。ですので、父は貧乏な育ちでしたが、私は子ども時代は貧しい経験はしていません。

しかし、たとえば、誕生日プレゼントをもらったときに愛情をもらったという感覚は一度もしたことがありません。「誕生日というのはモノがもらえる日なんだ」という感覚になるような、すべてがお金に換算されるような家庭だったのです。父親には人の心が通じないという感覚がありました。それで私も母も心を病んでしまって、とにかくうちの中には常に精神的な不健康が漂っていました。

今はこうして言葉にできますが、当時は「うちは他と違って一見幸福そうだけど、根本的には幸福ではないし、これはまともな人生ではない」という感覚がずっとありました。

それが溜まっていた上、高校三年生のころには自分の成績が伸びないことに悩み始めました。その辺から暗黒の時期が始まったように思います。太宰治の「生まれて、すみません」という言葉がびんびんと心に響いてきました。没頭して読んでいましたね。

この世で自分だけが苦しんでいるような感じがする

安藤　その後、大学入試に合格します。大学生は一見華やかですが、実際には何者でもありません。仕事しているわけでも、社会から認められているわけでもない。自分の大学の名前にはある程度メリットはあるかもしれませんが、それは自分の内側にあるものではないので、自分には何もないのだという感覚もつきまといます。

私の目には、周りの同級生たちがお気楽に生きて、恋人を作ったりしているように見えて、それが不思議でなりませんでした。もちろん、みながそうではないのは今なら分かりますが、当時はそうは思えません。

自分なんかは就職ができるような人間ではない、結婚ができる人間でもない、自分なんか家庭を持ってはいけない、と感じて、世界の中に居場所がないように感じていました。

代　家にも学校にも居場所がなかったと感じていらっしゃったのですね。これまでみなさんの話を聞いてきて気づいたのは、どこにも居場所がなくても、そのこと自体を言葉にするのは難しいということです。どうして自分は今、悲しくて、生きていたくないのかというのを、そのときには言葉にすることができない。だから「この先、生きていてもいいことはない」と思ってしまう。しかも、こういうことを人に言ってはいけないと感じてしまう。私自身もそうでした。自分よりも恵まれない環境の人が多くいるのに、自分は電気も水道もある快適な家があるのに、このようなことを思ってはいけないという罪悪感を感じてしまう。そして誰にも打ち明けられない。そうすると、みんなは健康そうに暮らしているのに自分だけこのようになっている、という負のループに入ってしまいます。

才能は、訓練や教育によってどこまでも伸ばすことができる

安藤

当時、関心があるのは音楽だけでした。そのときは、感動的な演奏の録音されたレコードを聞くというのが、私にとって一つの「ホールド」でした。ところが、難しく物事を捉えて、理屈を考えること自体は嫌いではありませんでした。

このときに無理やりでっち上げた研究テーマというのが、「才能はどうすれば伸び

るのか」です。これをやるのが教育心理学という分野でした。「才能というのは生まれつきではなくて、訓練や教育によってどこまでも伸びるんだ」という考えを持っている人たちがこの分野にはたくさんいて、それを信じて美しい言葉を言う人たちもたくさんいます。それを知って、とりあえず入ってみようと考えました。自分は就職なんかできる人間ではないけれど、考えることは、かろうじてできそうな道だったんです。そこで「遺伝と環境」というテーマに取り組み始めます。

私とあなたとは九九・九％同じ

安藤　私たちが遺伝子からできているというのは、疑いようのない事実です。人の遺伝子がアデニン、チミン、シトシン、グアニンという塩基配列からタンパク質が生み出されて、それによって体が構成されているのです。ヒトゲノム計画でこの塩基配列がすべて分かるようになったいま、人と人とを比べてみると、その違いというのはたった〇・一％しかありません。つまり私と他人の配列は一〇〇〇文字中の一文字しか違っていない。逆に言うと九九・九％が同じです。

その〇・一%が違うだけで、異なるタンパク質が作り出されて、それぞれが違った性質を持つようになります。たとえば、血液型はたった二ヶ所の配列の違いによって生まれます。同じようにほぼすべての遺伝子に関してそういう違いが個人間で存在します。それがたくさん組み合わさって、その人を作っているわけです。遺伝的に自分と同じ人というのは、一卵性の双生児を除いて絶対にいません。

〇・一%の遺伝子の違いで人はみな孤独

安藤 行動遺伝学というのは、遺伝子が心のありよう、心の表現の仕方、能力や性格に大きな影響を及ぼしているということを主張しています。まだ多くの人が信じてくれていませんが、それを圧倒的なエビデンスで示すという分野です。

人と人は九九・九%が同じなので、私と代さんは顔は全然違いますけれど、でもチンパンジーと比べたら似ていますよね。そういう意味で、人はみな大体同じ顔をしています。これは、心の働きでも同じです。何に感動するか、何が嫌か、どういうものにこだわりを持つか、そういうことは一人ひとり違います。そして、そういう違いを支えている根本的な部分に遺伝的要素が絡んできています。

たとえば、体操にはブレットシュナイダーという、とても高難易度の技がありま す。もちろん、私にはこの技はできません。しかし、鉄棒にぶら下がることはでき ます。少しぶらぶらすることもできます。ですので、あの技がどれだけ難しいのか というのも分かります。どれだけ努力しなければならないか、どのような体の感覚 が必要かを想像することも、とりあえずできる。失敗したときの悔しさや無念さも 共感できる。それは九九・九％の遺伝子を全部共有している、同じ人間だからでき ることです。

一方でほんの〇・一％の違いがゆえに、自分とほかの人とは絶対に同じにならな い。だからある意味では私たちはみな孤独です。自分が孤独であるのは、生物学的 な事実でもあると思うようになったとき、とても楽になりました。

代　大きな気づきですね。それは、先生がご家庭でずっと孤独に感じていた部分を客 観視できたということなんでしょうか。

安藤　そうですね。ひょっとしたら、そうかもしれません。

これまでの人生において、自殺は他人事ではなかった

安藤

私にとって、自殺は決して他人事ではありませんでした。思い返すだけでも、身近にあった自殺にまつわる話が四つあります。

まずは私の叔父です。彼は戦時中から結核を患っていました。まだ薬が十分行き渡っていなかった時代です。貧しかったこともあって自宅で療養していました。その間に父が母と結婚をして、私が生まれました。もちろん感染しないように部屋は隔離していたのですが、同じ家に住んでいました。心配になって、一歳になる前に検査をしてみると、どうやら私が感染をしていたという証拠が見えたそうです。それを知って、叔父も自ら命を絶ってしまいました。

これはすべておぼろげに聞いた話です。というのも、我が家ではこれは語ってはいけないことになってしまい、結局、今にいたるまで詳しい真相は分からないのです。叔父は性格が私と似ていたらしく、祖母は私が叔父の身代わりだと思って、私のことを大事にしてくれていました。とにかく、自分の出生と叔父の死はどこかつながっているように思います。

次に思い出すのは高校生のときの話です。夏休みが明けたとき、自分のクラスの男の子が一人退学していました。彼は夏休み中に自殺未遂をしたそうだという風《かぜ》の便りが届きました。その彼の顔をおぼろげに覚えています。まったく意外ではなく、むしろ逆に「あいつならそういうこともあるかな」というほど存在感のない、印象に残らない人でした。ただ、その虚ろな表情というのは、暗黒時代の私自身の表情に似ていました。

ゼミの学生の自死

安藤

一番大きいのは、自分のゼミ生が自死で亡くなったことです。とても頭のいい学生でした。彼女と親しく話すようになったころに聞いたのですが、いるはずがない虫が腕に這っているのが見えてしまうという幻覚を子どもの頃から持っていたそうです。あるいは統合失調症のような病名がつくのかもしれません。自分は変だという感覚をずっと持っていて、その手の本を読むようになってようやく、どうやら自分は病気らしいと気がついたそうです。

高校生のころから両親に精神科に連れていってくれと頼んでいたそうですが、「気のせいに決まっている」と取り合ってもらえないまま大学生になりました。大学では、親の許可を得なくても大学のカウンセリングセンターに行くことができますし、そこから精神科につながることもできます。そこで初めて診断を受け、入院しました。そのプロセスを私はずっと見ていましたが、本人は「ようやく病名がついて、入院できた」と嬉しそうでした。

病名をつけてもらうと、ある種の居場所もできるし、治療方針も立てられます。しかし、逆に、病名に沿った自分を作ってしまうという側面もあります。ですので、自分は病人だと思いすぎてはいけないと彼女に伝えていました。ところが、彼女は病人であること、病気だということを快く思っていた部分があったように思います。それだけ苦しかったのかもしれません。入退院を繰り返し、その間に自殺未遂も何度かありました。

ただ、それは決して死にたいわけではなかったのだろうと思います。というのも、ある時、彼女から電話がかかってきて「今、あの薬を飲みました」とだけ伝えられたことがあったのです。とんでもないことだけれど、薬を飲んでしまったあとでは私は何もできないので、一緒に研究していた精神科の先生にまずは電話をしました。そのときはどうにか頑張って、何とかなりました。本当に死にたかったら、そんな電話はかけません。

ある朝、お父さんから「昨晩亡くなりました。死に水をとってやってくれませんか」という電話がありました。入院したときに自ら逝ってしまったということでした。未だにあのときの凍りついた気持ちを覚えています。

これと関わることですが、妹が勤めていた会社の社長さんの息子さんが自死されたこともありました。決して有名ではありませんが、音楽活動を仲間としていて、交友関係も広く、仲間がたくさんいて、自分から死ぬとは思えない。あいつが自殺するはずはない、事故だとみながみな思っていたのです。

ただ何となく「死んだらどうなるかな」「どんな気持ちになるかな」と考えてふっと何かをしてしまった。そのときに、何か不慮のことが起こって、そのまま帰って来れなくなってしまった、そういう風に周りは思おうとしていました。あれは本気ではなくて、不幸な事故だったと。お父さんである社長さんもそう思っていたし、そういうように私の妹にも伝えていました。

生きていることと、生きていないことは紙一重

安藤 人間というものは、安全な平地を順風満帆に歩いていると思っていたのに、ふとした瞬間に、実際は断崖絶壁を歩いていたんだと気がつくということがあります。そのとき、ふうっと気持ちの良い風が吹いてきて、落ちていってしまうということがあるような気がします。

自殺した人も、自殺できる手段が手に入りづらければ自殺しなかったかもしれないし、その日に大切な人と時間を過ごせていたら自殺しなかったかもしれません。ほんとうに紙一重なのだと思います。私のゼミの学生だって、そのふっとした風を受けなければ生き延びられたのかもしれません。

私の場合は、目先のことをたまたましていたら、今の研究につながっていきました。そうして、気がついたら自分の居場所というのが少しずつできていた。そして安定してきました。そう考えると、大人になると意外と楽ですよね。

代 本当に、生きていることと、生きていないことは紙一重ですよね。私は子どもを持った後に、交通事故に遭いました。そのとき「人生なんてたやすく変わってしま

うんだ」「命なんて本当に分からないものだ」と実感したのを覚えています。自ら死を選ばなくても、ある日突然、死んでしまうことだってありえますよね。それを経験したから逆に、「今は生きているわけだから」と思えるようになりました。生と死が紙一重だと気づいた大きな体験でした。

三人中一人ほどは自殺したいと思った経験があるそうです。「しかし思うことと実行するというのは違う、そこに大きな隔たりがあるんだ」と聞きました。その隔たりを越えてしまうかどうかは、どんな偶然が重なっているかによって変わってきてしまう。まさに紙一重ですね。

自分の居場所があったり、居心地のいい人がいたりすれば、この世の中に留まることができるのだと思います。ただ、自分が若いときやその渦中にいるときは、実際には友達がいたり、親が自分のこと嫌っているわけではなくても、そうは思えないのが難しいところです。

苦しい時間の先のどこかで、人生が逆転する

安藤

自分のケースから考えると、苦しい状態はあるいは一〇年ほど続くかもしれません。ですが、いずれ逆転します。私は三〇歳を少し超したころからでした。これは単純な理由です。自分の仕事を認めてくれる人が出てきたり、そこそこ食べていけるほどの収入を得るようになったり、伴侶ができたり、そういったことが少しずつ積み重なってくるのです。いわゆる「リア充」まではいかないかもしれませんが、こんな自分でもとりあえずは向こう側に行かないで済むほどの、目先のいろんなホールドができてきて、気がついたら二〇年以上経っていました。

自分でも不思議なのですが、一八歳から二八歳ほどまでは、すべてを斜めに見ていたので、すべてが白々しく見えていました。「人は一人では生きていけない」「愛こそが最も大切だ」と言われても、ただのきれい事にしか聞こえなかったのです。ところが、いろんな経験が重なってくると、同じ言葉が刺さってくるようになりました。

そこそこ生きていくと、面白いな、素敵だな、かっこいいなと思える人が見つかってきます。身近で出会うかもしれないし、メディアを通じて出会うかもしれません。そして「なんてすごいんだろう」と感動する経験も少しずつ出てくるはずです。

そして、それが自分にとってどれだけ重要な意味を持っているかに次第に気づいていきます。「こういうことによって自分は生かされてきたんだ」と感じるんです。こんな歯の浮いたような言葉を本気で言うようになるとは思わなかったのですが、五〇歳を過ぎたころくらいから響くようになってきました。

長生きすればするほど人生は楽しくなる

安藤　年を取ると人間は涙もろくなります。前頭前野のコントロール機能が弱ってきて感情制御ができないのだという説もありますが、私はむしろ、過去の経験がつながってくるからだと思います。今まで分からなかったことが、いろいろ分かるようになってきて、今まで当たり前だったことが全然当たり前ではないと気づく。狭い稜線のところを何とかすり抜けてきた結果、残されてきたものがものすごいものだったと気づくんです。

たとえば一〇〇円ショップに行ってその製品のすごさに感動してしまう。それから、ドラマや映画を観てもすぐボロボロ泣いてしまう。自分がこのような人間になるなんて若い頃は想像できませんでした。

今では、長生きすればするほど人生は楽しくなると思います。今まで感動できなかった、当たり前の事に感動できるようになってきたのです。だから今の私の歳まで生き延びてほしい。これは私だけが言っていることではありません。代さんもうなずきながら聞いてくださっているし、多くの人が違う言葉で述べてきたことです。

そして、長生きすればするほど楽しくなるように、人間の心は生物学的にできているのではないかという仮説もあります。もちろんそうではない人たちもいるし、私だってあるとき転落する可能性だってあるかもしれませんが、人間というのは、生き長らえていると、生きている価値に必ず気がつきます。

もし自分が生きている資格がないと思ったならば、それはあなたが持っている〇・一%の遺伝子が持っている内的な必然性と、それを死に結び付けてしまう特別な状況が組み合わさったからです。たまたま不幸にしていじめる奴が教室にいただとか、たまたま先生とそりが合わなかったとか。先生だってみんなが聖人君子ではありません。不幸にして、あなたの持っていた〇・一%とその先生の相性が合わなかったということです。

しかし、そういったことというのは、死ぬ理由にはなりません。生物学からすれば、死ぬ理由というのはその生命体の老化、生命機能の衰え以外には、偶然の事故しかないのです。

自殺を考えるかには遺伝的影響があるけれど、自殺するかどうかにはない

安藤

行動遺伝学というのはよく双子のデータを分析します。一卵性双生児という遺伝的にまったく同じ人と、それから、同じような家庭環境で育っているけれども、遺伝的な距離でいうと普通の兄弟と同じくらいである二卵性双生児の比較をします。もし一卵性双生児のほうがよく似ていれば、そこには遺伝の影響がある、と言えるわけです。

かつて自殺念慮と自殺企図の有無について調べたことがありました。自殺念慮の有無というのは自殺を考えたことがあるかどうか、自殺企図の有無というのは自殺を試みたことがあるかどうかです。これらについて、匿名で、しかも答えても答え

なくても構わないという条件でアンケートに入れたのです。中学生で八〇〇組、一六〇〇人ほど、高校生は五〇〇組、一〇〇〇人ほどの双子の方々のデータが取れました。

結果としては、自殺を考えたことがあるかどうかには遺伝的な影響が見られました。一般的な統計では、自殺を考えたことがある人は二〇%ほどですが、この実験では一〇%ほどでした。二人とも揃って考えたことがあるというのは、一卵性のほうが多かった。自殺を考えるかどうかにはどうやら遺伝的な影響があるようです。

ところが実際に自殺を試みたかどうかには遺伝的な影響は認められません。この調査では三%ほどの人がそう答えていますが、一卵性が二卵性よりも類似しているという傾向は見られませんでした。つまり、そこには遺伝的な影響がありません。そして、家庭環境の影響があれば、一卵性も二卵性も同じくらいの割合が出るはずですが、それすら認められません。

つまり、自殺を実際に試みるかどうかというのは偶然なのです。遺伝でも、家庭環境でも説明できません。たまたまその人がそれをしてしまうような、何か特別な状況というのに置かれたから、そういうことになってしまった。

いま、踏ん張れば、状況が変わり、必ず生き延びられる

安藤　少し時間はかかるかもしれませんが、苦しい時期はいずれ終わります。その特別な状況からは必ず抜けられるものなのです。そして、代さんや私ほどの年になると、生き延びられます。もちろん、たとえばコロナなどで状況が変わると、自死してしまう人も増えますが、それも結局、状況の変化があるからです。いま、踏ん張れば必ず生き延びられます。死ぬ理由は、あなたにはありません。

代　不幸な組み合わせによって「そうせざるを得ない」と思うかもしれないし、自分もそれにとらわれて、それ以外のことを考えられなくなってしまうかもしれません。ですが、自分が死ぬことを選ばない限りは最後まで苦しい状況が続くということは絶対にありません。その感覚は年を取ってみないと分からないことなので、こうした助言は慰めにもならないかもしれませんが、明けるときが来るかもしれないと思えれば、生きる理由の一つになると思うのでぜひ伝えたいです。

遺伝的な影響があることと、遺伝的に決まっていることは違う

代　遺伝的傾向でいうと、私の祖母と叔母は精神的な疾患を抱えています。叔母はそれで自死してしまっています。いとこが母親を自死で亡くすのを私は学生の頃に見ていました。祖母は生きているけれど、抗うつ剤をずっと服用している人でした。そういった背景があったので、私が一九歳のときにメンタルがやられたときには、「そういう遺伝的傾向があるから気をつけなさい」と家族に言われました。
この言葉は呪いにもなりえますよね。遺伝的に決まっているなら抜け出せないのではないかとしばらく思っていましたが、実際はそんなことはありませんでした。もちろん遺伝的な影響からは逃れることはできませんが、それは運命が遺伝的に決められているという話ではありません。そして、時間が経つとその違いに次第に気づくことができました。

安藤　そうですね。遺伝的な傾向というのはあくまで確率の世界の話です。決まっている、という話ではありません。

複数の遺伝子から遺伝的傾向は生まれる

代　視聴者からのコメントで、「希死念慮を抱きやすい遺伝子はあるのでしょうか、それとも遺伝子はほぼ関係なく、環境因子が大きいのでしょうか」というご質問がありました。ここでいう環境因子とは安藤さんの先ほどの言葉だとほとんどが非共有環境、つまり「偶然的なもの」になるかと思います。自殺念慮に関連する遺伝子というのはあるのでしょうか。

安藤　それ特有の遺伝子があるわけではありません。つまり、血液型や血友病のようにたった一つの遺伝子が特定の型を持っているかどうかで決まるような種類のものではありません。

美人になる遺伝子が存在しないのと同じです。目や肌の性質や形を決める遺伝子は存在します。それらがたまたまある組み合わせを持っていたときに、全体として見ると美人に見えることがあります。なので、特定の遺伝子を持っていると美人になるということは言えませんが、顔の形は遺伝的にほぼ決まっています。表情は環境によって変わりますが、顔の形は変わりません。

代

同じように、抑うつ的な性格というものがあります。もっと厳密に言えば、抑制系が働きやすい傾向を持っている人と、そうでない人がいます。抑制系が過剰になってくると、不安が高くなったり押さえつけられている感覚になったりして、それが更に強くなると、死を考えることに結びつきます。

これにはほかのパーソナリティ同様、遺伝傾向があり、三〇から四〇％ほどの遺伝率を持っています。たとえばセロトニン分泌に関する遺伝子などが組み合わさることで、うつ傾向の程度が生まれているのです。この遺伝的な要素に加えて、特別な環境的な条件が間接的に加わると、つまり偶然が重なっていくと、自殺を試みてしまいます。

ですので、具体的な遺伝子もありますが、それは顔立ちと同じように、一つ一つが何か決定的に効いてくるわけではありません。顔の形の傾向と同様に、うつに引き連れていく傾向というのは、たくさんの遺伝子の組み合わせとして実在します。

ほかにも、発達障害や発達障害特性には遺伝的素因がありますよね。ただ、親がそうだと子もそうなる確率が少し高いということはありますが、必ずそうだというようなものではありません。

安藤　確率の世界だから分かりにくいのです。確率でしか把握できないので、確実なことは言えません。

私たちは狙わなくともみんな役に立っている

代　本を読んだり、YouTubeチャンネルでいろんな研究者の方にお話を聞くことが増えて気づいたのですが、問いもまた生きる理由になりますよね。何かを一生かけて解明しようと思えば、学ばなければならないことが無限に出てきます。そしてそれは一つの希望になりえますよね。自分の中で引っかかるもの、一生懸命になれるものを見つけたらそれがホールドになるんです。その人にしか持てない問いというのは安藤さんが本でもおっしゃっている「オリジナリティ」「〇・一％」につながる気がしています。

安藤　まさに言いたいことをおっしゃっていただきました。私たちそれぞれに〇・一％の差があるおかげで、ほかの人が気づくことができないことに気づくことができる。そして、それを膨らませることは、ほかの人を救うことにつながっていく。人類全体が抱えている共通の問題の解決につながっていくんです。

人類というと大げさに聞こえるかもしれませんが、一〇〇円ショップのアイデア商品も人類の役に立っています。身の回りにある素晴らしい製品やサービスというのはあるひっかかり、小さな気づきから作り出されています。人間はそうして世界と関わりを持つことができる。もしあなたが何か悩んでいることがあれば、それがヒントになって何かを改良したり、みんなと助け合う方向に集団を動かすこともできるかもしれません。

役に立たなければならないという考え方はよくないですが、私たちは狙わなくともみんな役に立ってしまっているのです。そして、それを突き詰めていくと大きなものが生まれるかもしれません。

代

自分で意識していなくとも、存在しているだけで結果的に役に立ってしまうということですよね。親と不仲だとか、友達と不仲だとか、身寄りがないという状況が重なることだって大いにありえます。そうだとしても自分が置かれている場所で、目が合った人に少しにこっとしてみるだけで、その人は少し幸せな気分になったりもしますよね。

安藤　コンビニの店員さんから素敵な笑顔をもらった日は自分も幸せになりますもんね。

代　その一日がハッピーになりますね。そうしたふとした言動はその人にしか作り出せない〇・一%の違いなんだと私は思います。固有の〇・一%の違いのおかげで、存在するだけで人のためになれるんです。行動遺伝学という学問から感じられる希望の〇・一%だと思います。

プロセスは結果の連続であり、結果はプロセスの途中でしかない

代　視聴者の方からのコメントで「世の中は結果がすべてといった考えが蔓延しているけれど、過程を楽しむ気持ちを持ちたいな」という感想が届いています。

安藤　これは私のドライなところかもしれませんが、プロセスと結果の区別はあまり意味がないように思います。実際はプロセスそのものが結果ですよね。やっていることはその都度、どこかに残ってしまうものですから。逆説的ですが、そう考えると楽になるのではないでしょうか。

代 つまりプロセスはないということですか。

安藤 そうです。全部が結果で、全部がプロセスです。言葉でごまかしていると聞こえるかもしれませんが、実際にそうだと思います。芸術家はそれをもっとも表していると思います。作品というのは、いつもプロセスですよね。その先のものを作る途中で産み落としたものに過ぎない。会社で仕事をしても、家で子育てをしてもそうですが、プロセスはすべて結果の連続であり、結果は常にプロセスの途中でしかない。そういう意味で、プロセスと結果の区別は存在しません。そう考えると言葉にとらわれなくて済むと思います。

代 さっきコメントを寄せてくれた方が「もちろん何事も一〇〇か〇ではないですよね。単純な二元論に持っていく見方も蔓延しすぎかな」と言ってくださっています。

安藤 結果が成功だったか、失敗だったかという判断をしていると、それが「結果が残せる人と、そうでない人」といった能力についての判断へとつながり、能力主義が蔓延してしまいます。そういうトピックを考えるときには、まさに今のような疑問を呈することは必要ですね。

生きているだけで他者のためになる

代　安藤さんは、教育というものは自分のためだけではなくて、他者とともに生きるためにあるのだと『なぜヒトは学ぶのか』（講談社新書）の中で述べられていて、その流れでジョン・ロールズの『正義論』にもそう書かれていたとおっしゃっていました。学ぶということや存在しているということは、自分のためだけではなくて、結果的には他者とともに生きることにつながっているのかもしれません。

安藤　言葉にしてしまうと、白々しく聞こえてしまうかもしれませんが、そうだと思います。マイケル・サンデルの『実力も運のうち　能力主義は正義か？』（早川書房）や斎藤幸平さんの『人新世の資本論』（集英社新書）も、ジャンルは違いますが、大意は同じです。私は孤独だと思っていたけれど、ほかの人が考えていることと結局似たようなことを考えていたんだ、私も平凡な人間だったなあと今になって気がつきました。

代　これが答えだと言い切れるものはありませんが、他者とともにあるということが、いろんな学問のいろんな本から言われているならば、それも一つヒントになるかもしれません。
このテーマは難しいので明快な答えは私自身も出せません。ただ、生きていたらきっとその苦しさから脱せられるときが来る、というのが経験した者として言えることです。安藤さんがおっしゃった、ご自身の暗黒期が一〇年間もあったけれど、今は、白々しいと感じていた言葉にも感動するようになったという言葉が印象的でした。

安藤 長生きすればするほど人生は楽しくなりますし、感動も増えていきます。

代麻理子

最後に：大切なあなたが生きていてくれることで

ここまでたどり着いてくれたあなたは、今どんな気持ちでしょうか？

「死にたい」「生きていたくない」「終わらせたい」を感じるあなたは異常で、ダメで、いないほうがいい存在、ではないし、そうした思いがこの先もずっと続くわけではない、ということが伝わっているといいなと願います。

今ではそうじゃなくなったことが不思議なくらい、私自身も「死にたい」を抱えながら過ごしていました。私がはじめて「死にたい」を切実な思いとして自覚したのは、小学校三、四年生の頃だったように思います。ふとした瞬間に同級生の友人に「死にたいって思うことない？」と聞いたらギョッとされたので、そうは思わないのか、そしてこれは言っちゃいけないことなんだ……、と気づき内に秘めるようになりました（その後長きにわたり、誰にも言ってはいけないことだと思い、それもまた苦しみからなかなか逃れられない原因になりました）。

私は文字を読めるようになった幼少期から、本が大好きで本ばかり読んでいました。本には実生活よりも身近に「死」が登場するからか、「死」を身近に感じていたから本が好きになったのかは定かではありませんが、図書室や図書館に足繁く通い、のめり込むように本を読んでいました（当時好んで読んでいたのは、ひたすら暗くどろどろした内面が描かれている現代小説でした）。

本から「死」を想起したとしても、実際に強く念じることとは距離があります。ではその頃に何があったのかを思い返してみると、中学受験のための勉強がはじまった時期でした。そう書くと、やりたくもないのに無理矢理親にやらされていたのではないかと思うかもしれませんが、私の場合はそうではなくて、自ら「受験したい」とその道を選びました（今では、「自ら選ぶ」が本当に「自ら」なのかは怪しいと思えるようになりました。もしあなたがいま進路や学業のことで切実に悩んでいるとしたら、その道を通った者として「その結果で人生終わりじゃないから、そんなことで死んだらもったいない！」と心から思います）。

他の誰でもない自分が選び、決めたこと（と、当時は思っていた）なのに……、という思いは私を苦しめました。私は「天才型」では決してないので、勉強すれどすれど頭がいい子ほどにはなれないし、受験勉強における成績は常に中の上くらい。

「こんなにやってもこのくらいって人として終わってるんじゃないか」「やってもできな

いなんて生きてる意味ない」、などとよく思い、自分を責めていました。そうした自責感が希死念慮につながったのか、希死念慮があったから受験を選んだのかは分かりませんが、夜になると布団の中で声を押し殺し、ひとりよく泣いていました。

当時、毎晩のように頭に浮かんでいたのは、小学校で同じクラスだった重度の身体障害を持つ同級生二人への思いです。彼らはあんなに生きたいと思っているのに（実際に聞いてみたわけではないけれど、私にはそう見えた）、こんなに死にたい私が生きていていいのだろうか。どう考えたって彼らのほうが圧倒的に大変なのに、大した苦難を背負っているわけでもないくせして生きたいと思えない自分は最低だ……などと思っては、枕を濡らしていました。

そんな風に考えるなんて私はどこかおかしい、という自覚もあったし、親を心配させたくない、とも思っていたので、内に内にとこもり続けました（いわゆる「陽キャラネクラ」で、人といる時には暗い面は見せないようにと、明るく振る舞ってしまうのもまた困った一面です……）。

五、六年生になると、受験勉強はより本格化し、頭痛がするようになりました。「死にたい」とは親には言えなかったけれど、「頭が痛い」とは言えたので、クリニックを訪れたこともあります。

医師は母に「精神的な問題からきているかもしれないから気をつけたほうがいい」と告げたそうです。しかし、当時は今ほど鬱に関する情報も知られていなかったし、まだ低年齢だったこともあり投薬には至らず、「死にたい」を抱えながら「気をつけるって言ったって、何をどう気をつければいいんだ……」「この家族にはこんな風に考えちゃう私がいないほうがいいのかもしれない」などとずどんとした思いで日々を過ごしていました。

受験は私にとって死にたい理由でもあったけれど（死にたい思いは受験によるものだけではなかったと、今では考えられますが）、生きるための定点でもありました。とりあえず受験が終わってから考えよう、死ぬのは落ちてからでいいか、と自分を励ましながら勉強を続け、中学受験を終えました。

自分の中での生死がかかっていたために必死で勉強したので志望校の中高一貫校に合格はできましたが、校則が厳しく「ここで六年間を過ごすなんて耐えられない」と思い、中学二年生の頃に自主退学し、公立の中学に編入しました。必然的にまたしても受験。高校受験、大学受験と度重なる受験をその時々で「落ちてから死のう」のマインドでやり過ごし（なんという不健康さ……）、目の前の受験勉強で死にたい思いを紛らわせていた一〇代の頃ですが、大学入学後に転機が訪れます。

受験勉強を生きる理由にもしていた私は入学後にも、次は資格試験に臨もうと思い学部選択をしたのですが、その資格試験のための予備校に入塾しだしてすぐの大学一年次の冬のこと。妊娠したのです。

いま産むなんてあり得ない、と中絶を決め、行いました。処置が終わったその夜から、私は一睡もできなくなってしまいました。私のキャリアなんかより新たな命を育むことのほうが大事に決まってるのに（それが正しい考え方と言いたいわけではなく、あくまでも当時の私はそう感じたということです）なんであんな選択をしてしまったんだろう……。散々「死にたい」と思ってきたくせに、宿ってくれた命をどうして生きさせてあげなかったんだ……と、責めて責めて悔やんで悔やんで、夜になっても眠れず、そうした日々が一ヶ月ほど続きました。

眠れない日々を重ねると、次第に幻聴（流れていない音楽）が聴こえるようになりました。ごはんもまともに食べられず、受験期も手放さなかった大好きな本を読む気力も湧いてこない。「死にたい」という思い以外は湧いてこない（受験期は「受からなきゃ」など、「死にたい」以外の思いも生じていた）。学校にも予備校にも行けないし、これはもう黙っておくのは無理かもしれない……、と感じ両親に打ち明け、精神科を受診しました。

医師に「眠れなかった日々の分、眠ること。たくさん寝ていい」「今の状態は、あなたくらいの年の時にはよくあることだから、大丈夫」という助言をもらい、二ヶ月弱休学もしました。わぁわぁ泣いて家族や友人に言えたこと、彼らが決して私を責めずに受け止めてくれたことは大きな救いとなりました。受験期や、生きたいと思えずに苦しんでいた時も、誰かに言えばよかったかなと今となっては思います。

睡眠導入剤をもらってたっぷりと寝て、起きたらごはんを食べてぼーっとしてまた寝る。そんな日々を過ごしているうちに、徐々に回復に向かいました。ですが、なんてことをしてしまったんだ……、という思いから解放されたわけではなかったので、その罪の意識を軽減させるために近所の保育園でアルバイトをし始めました。保育園でのアルバイトは性に合っていたし居心地がよく、「生きていてくれて嬉しいな」を目の前で感じられることができたこともあり、大学卒業までの約三年間続けました。

大学生活が後半に差し掛かり、就職活動が現実問題として差し迫ってきた頃も、今思えば完全に回復しきったとは言えない状況でした。「私が就職できるとは思えない、卒業したらすぐに結婚して子どもを産もう。それまでの間は保育園で働こう」と思い、就職活動はせずに保育士資格取得のための勉強をしたりしていました。ですが、アルバイト先の保育園の園長先生はじめ複数の先生に「保育士は資格をとったら何歳からでもできるから、就職活動もしてみないともったいないよ」とアドバイスを受けたこともあり、少しだけ就職活動をし、働いてみることにしました。

幸運なことに、私はそれまでの人生で人間関係で深刻に悩んだことはなかったのですが、就職した先では、はじめてその悩みに直面しました。それ以前から協調性が乏しいし（なので中高は帰宅部でした）、驚くほど鈍感なところもあるし、空気を読まずに思ったことを率直に言ってしまうし、嫌なときは表情や態度に出てしまうし、我慢が苦手なので、それまで人間関係の悩みに付き当たらなかったことのほうが不思議なくらいです（それでも仲良くしてくれた寛容な友人達に感謝です。この本にも思いを寄せてくれた横道誠さんの本に出会って以後は、発達障害の当事者研究にハマっています）。そうはいっても、うまくやれない、自分が人の不快の種になってしまっている、を毎日実感しなければならないと心がすり減っていきます。

またしても「生きたい」と思えないモードになり、食べても体重が落ちていくなど、身体も危険信号を発していたので一年もたずに退職しました（今に至るまで私の就職歴は一〇ヶ月です。笑　けれど、いざ世に出てみると「就職」という形ではない働き方もたくさんあるので、そのことで不安になっている人には「大丈夫だよ」と言いたいです）。この時、相談に乗り「人がどう思うかは気にせず、今のままでいいんじゃない？」と言ってくれたのが夫です。ここに書いたようなそれまでのもろもろを打ち明けても受け止め、「結婚しよっか」と言ってくれて今があり、とても感謝しています。

「早く子どもが欲しい」「亡くしてしまった命に生をもって償いたい」「生きたい、とこれまであんまり思えなかった分、出会えた命を大切にしよう」という願いは叶えることができ、子が生まれてきてくれた後は「死にたい」という思いが生じることはほとんどなくなりました。子ども達には、生きていてくれて嬉しいな、生まれてきてくれてありがとう、と出会えた瞬間から今に至るまで毎日毎日思っています。

死から離れたかのように感じられていた数年間でしたが、末っ子が一歳を少し過ぎた頃に私は交通事故に遭遇します。子を乗せて自転車を漕いでいたところで自動車と接触したのですが、ぶつかるその瞬間「ずっと死にたいと思ってきたのが、こういう形でやっと死ねるんだ」と思ってしまったのです。

それは秒にも満たない、ほんのいっときの瞬間的な思いでした。自転車には子ども達も同乗していたので彼らも怪我を負い、血を流してわあわあ泣いている。その光景に我にかえり、この後におよんでなんてことを思ってしまったんだ……と大きなショックを受けました（事故に遭ったこと自体が大きなショックだったのですが、私にとってはその思いを抱いてしまったこともまた同じくらいの大きなショックでした）。

子ども達は当日の処置で済むような怪我でしたが、私自身は手術を要する結構な怪我を負い、一ヶ月ほど入院しました。入院中、子ども達のことが大好きで大切で一緒にいられることが嬉しいし、彼らのおかげでもう自分の存在に思い悩むことはなくなったのに、どうしてあんなことを思ってしまったんだろうか……と、考えました（術後三日間は痛みで考えるどころではなかったのですが、こんな痛いとやっぱり生きたいとは思えないな、などとモルヒネで薄れゆく意識の中思ったりしていました。ため息ものの、しつこくしぶとい希死念慮です。苦笑）。

術後の痛みが薄れてきた頃に考え、思い至ったのが「身体が疲れていた」ということ。わが家は三人の子ども達の年齢が比較的近く、全員夜泣きが激しかったし、妊娠中は入眠剤を控えなければならなかったので、第一子の長女を妊娠しはじめてから約六年間ぐっすりとは眠れていなかったのです。

重なる睡眠不足でクラクラふらふらしながら日々を過ごしていたので交通事故に遭ってもおかしくなかったというか、あの頃よく生きていたなとすら思います（当時長女の幼稚園生活で一緒になったママ友や先生方には実務面でも大変助けられ、心から感謝しています）。

一ヶ月間の入院生活では夜泣きとも離れ、たっぷりと眠りました。事故に遭って手術した足は痛かったけれど、蓄積された疲労はみるみる回復していきました。回復するにつれて、「願おうが願わまいが、死は突然訪れることもある。長いこと死を願ってきた私だけれど、せっかく思いもよらぬタイミングで死にかけたけど死なかったという機会を得たんだから、ここからはやり残したと感じるやりたいことをやり尽くしてみよう」という思いが湧いてくるようになりました。

それからの私は「私には無理だと思ってたけど、試しに働いてみようかな」や「真面目に勉強もし直してみたいな」など、前向きな願望が湧くようになり、生じた願いをどんどん実際にやってみることにしました。すると、「私が死にたいと感じてきたのは、私のせいだけじゃなかったんだ」と気づけるようになったのです。

「はじめに」にも少し書きましたが、目に見えるような評価基準が重んじられることや、近代以降の所有の原理、公と私の分離、経済状況、身体機能、遺伝的素因、ジェンダー問題、同調圧力が強い社会風潮、家庭環境、その時々のめぐり合わせなどなど。「私のせいで」「私の問題」と思っていたことは、私個人の問題ではなく、社会の問題でもあったんだ、と気づいてからは、それらの問題の探究に夢中になり、問題が少しでも改善に向かうよう働きかけてみようと思うようになりました。

この本に、思いを寄せてくれたみなさんやYouTubeチャンネル『未来に残したい授業』に応じてくれているみなさんとの出会いもそうですが、そうした派手な（?）出会いに限らず、日々のくらしの中での出会いなど、動き出してみると以前には想像もできなかった出会いや世界が広がっています。

「そんなの嘘だ」と感じる人には、ひとつだけ信じて欲しいことがあります。あなたはこの状況やあなた自身がずっと同じで変えられないと感じているかもしれません。ですが、そんなことはありません。たとえば、あなたが自らの死を選ばずに生きていてくれるだけで、あなたは「死にたい人」から「私をよろこばせてくれる人」になります。あなたは、あなたが思っている「あなた」だけではないのです。

若いあなたが自ら死を選んでしまうことで、私は自分の一部を失うかのような痛みを覚えます。「名前も顔も知らないじゃないか」と思うかもしれません。でも、私にはあなたが「名前も顔も知らないからどこかで放っておいていい誰か」とはどうしても思えません。その思いは、この本に関係してくれたみなさんにも共通していると思います。

「死にたい」を経たあなたは、あなたが思っている以上の強さを発揮します。私はよく、

「三人も子どもがいるのに、どうしてそんないろいろできるの？」と言われるのですが、「死にたかったあの時と比べたらすべてが余裕」と感じます（死にたかった経緯は数秒では伝え難いので、「へへ」と笑って返していますが）。

だって「死にたい」は最上級の苦悩であり、誘惑です。それを超えられたら、その後起きる嫌なことのほとんどが「死にたくて仕方がなかったことよりはマシだもんな」と思えるし、たいていのことが楽しいし嬉しい、と感じます。そんな強さ、なかなかありません。

その強さを持ったあなたは、きっといつか、同じ思いをしている人の力になりたいと思うでしょう。いまは「自分なんかにできることなんてない」と思うかもしれませんが、そんなこと全然ない。この本に出てきた人たちの活動を支えてみるのもいいかもしれない（NPOへの参加や寄付はもちろん、本や存在を広めたりすることも、同じ思いをしている人への力となる行為です）。

自助グループに参加してみて、気に入ったら自分でも開いてみるのもいいかもしれない。暖かいところに行って、隣り合った人に声をかけてみるのもいいかもしれない。好きなことを思い出してやってみるのもいいかもしれない。老荘思想を検索してつぶやいてみるのもいいかもしれない。いつもと違う感じを受けた人に、散歩でも行く？と誘ってみるのもいいかもしれない。

欲を言うと、私が行っている活動もろもろに参加してみてくれるのもいいかもしれない（YouTubeチャンネルの運営だけでなく、地域の仲間と行っている小学校での放課後寺子屋の取り組みや、中延にある「隣町珈琲」での定期的なイベント開催もしています。どれも常に手が足りず、あなたの協力が助けとなってくれます。TwitterのDMも開放しているので、ご連絡ください）。

まずは身体を休めて、充分に休まったと感じてから動き出してみると、「自分にもできることって意外とあるな」と感じると思います。自尊心があり、優しく、強いあなた（自分がいなくなれば……、と思うあなたは人への配慮をする優しい人です）の優しさ、強さを別の方向に向けることができたら、あなたはいつの間にか「死にたい」と思っていたことを「嘘」のように感じるようになるでしょう。

社会も個人の状態も「ずっと同じ」ではないので、もしかしたら私にもまた「生きたい」と思えなくなる日がくるかもしれません。でも私は、これを読んでくれたあなたと約束をします。そんな日がきたとしても、私は自分からは死なない。それでも生きる。だからあなたも一緒に生きよう。

いつかあなたと会える日がくることを信じて（生きている限りその可能性はゼロじゃない）、大切なあなたが生きていてくれることを、今もこれからも願っています。

最後になりましたが、苦しい中この本を読んでくれたあなた、対談・コラムを快く受けてくださったみなさま、この本をつくり、広めようと共に奮闘してくれたみなさま、偏りも我も強めな私に出会い、関わってくれた家族、友人、みなさまに心からの感謝をいたします。死にたかった私が今も生きられているのは、あなたのおかげです。あなたがしあわせでありますように。

二〇二三年七月

代 麻理子

代　麻理子（だい・まりこ）

1985年、神奈川県川崎市生まれ。 You Tube『未来に残したい授業』主宰。慶應義塾大学法学部法律学科卒業。法律事務所での秘書職勤務後、専業主婦を経て、ライター。現在、小・中学生の3児の母。高等教育を、望むすべての人に届けられるよう奮闘中。現在は『未来に残したい授業』の他、フリーランスで書籍の企画や編集、公立小学校での放課後寺子屋指導員、東京・中延にある「隣町珈琲」の「街場の大学」イベントなどで活動中。

9月1日の君へ　明日を迎えるためのメッセージ

2023年8月26日　初版第1刷発行
2024年6月30日　初版第2刷発行

企画・著　代 麻理子
発行者　阿部黄瀬
発行所　株式会社 教育評論社
〒103-0027
東京都中央区日本橋3-9-1 日本橋三丁目スクエア
Tel. 03-3241-3485
Fax. 03-3241-3486
https://www.kyohyo.co.jp
印刷製本　株式会社 シナノパブリッシングプレス

定価はカバーに表示してあります。
落丁本・乱丁本はお取り替え致します。

ISBN 978-4-86624-086-2